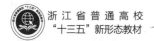
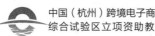
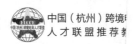

浙江省普通高校
"十三五"新形态教材

中国（杭州）跨境电子商务
综合试验区立项资助教材

中国（杭州）跨境电
人才联盟推荐教

跨境电子商务新形态立体化教材

Wish 平台全方位实务操作指南

涵盖平台政策、流程、创业和案例

CROSS-BORDER E-COMMERCE

MULTI-DIMENSIONAL PRACTICE COURSE OF WISH

跨境电商 Wish 立体化
实战教程

方美玉　汤叶灿 / 主　编　　　　卢琦蓓　万贤美　卞凌鹤 / 参　编

彭　静 / 副主编

ZHEJIANG UNIVERSITY PRESS
浙江大学出版社

图书在版编目(CIP)数据

跨境电商 Wish 立体化实战教程 / 方美玉,汤叶灿主编.—杭州:浙江大学出版社,2019.9
ISBN 978-7-308-19363-4

Ⅰ.①跨… Ⅱ.①方…②汤… Ⅲ.①电子商务—运营管理—高等学校—教材 Ⅳ.①F713.365.1

中国版本图书馆 CIP 数据核字(2019)第 155805 号

跨境电商 Wish 立体化实战教程

方美玉　汤叶灿　主编

责任编辑	曾　熙
责任校对	周　群　牟杨茜　陈逸行　徐雨薇
封面设计	春天书装
出版发行	浙江大学出版社
	(杭州市天目山路 148 号　邮政编码 310007)
	(网址:http://www.zjupress.com)
排　　版	杭州林智广告有限公司
印　　刷	浙江省邮电印刷股份有限公司
开　　本	787mm×1092mm　1/16
印　　张	14.5
字　　数	340 千
版 印 次	2019 年 9 月第 1 版　2019 年 9 月第 1 次印刷
书　　号	ISBN 978-7-308-19363-4
定　　价	49.00 元

"跨境电子商务新形态立体化教材"

丛书编写委员会

编写委员会成员

施黄凯	陈卫菁	柴跃廷	陈德人	章剑林	琚春华
华　迎	武长虹	梅雪峰	马述忠	张玉林	张洪胜
方美玉	金贵朝	蒋长兵	吴功兴	赵浩兴	柯丽敏
邹益民	任建华	刘　伟	戴小红	张枝军	

支持单位

中国(杭州)跨境电子商务综合试验区

阿里巴巴集团

亚马逊全球开店

Wish 电商学院

中国(杭州)跨境电商人才联盟

国家电子商务虚拟仿真实验教学中心

"跨境电子商务新形态立体化教材"

丛书编写说明

"世界电子商务看中国,中国电子商务看浙江,浙江电子商务看杭州。"浙江是经济强省,也是电子商务大省,杭州是"中国电子商务之都",浙江专业电子商务网站数量占全国专业电子商务网站数量的1/3,浙江电子商务的发展与应用水平全国领先。浙江电子商务的成就,主要归功于政府开放式创新创业氛围的营造和大量电子商务专业人才的贡献。

自2015年3月7日国务院批复同意设立中国(杭州)跨境电子商务综合试验区以来,杭州积极探索,先行先试,跨境电商生态体系不断完善、产业发展势头强劲,以"六体系两平台"为核心的跨境电商杭州经验被复制推广到全国。截至2018年年底,杭州累计实现跨境电商进出口总额达324.61亿美元,年均增长48.6%,13个跨境电商产业园区差异化发展,全球知名跨境电商平台集聚杭州,总部位于杭州的跨境电商B2C平台交易额近1700亿元,杭州跨境电商活跃网店数量增加至15000家,杭州外贸实绩企业数量增加至12000家,杭州跨境电商领域直接创造近10万个工作岗位、间接带动上百万人就业。跨境电商正在成为杭州外贸稳增长的新动能、大众创业万众创新的新热土,推动杭州由中国电子商务之都向全球电子商务之都迈进。

对外经济贸易大学国际商务研究中心联合阿里研究院发布的《中国跨境电商人才研究报告》中的数据显示,高达85.9%的企业认为跨境电子商务"严重存在"人才缺口,而各高等院校、培训机构对跨境电子商务人才培养标准不一,所使用的教材、培训资料参差不齐,也严重制约了跨境电子商务人才的培养。

为提升跨境电子商务人才的培养质量,开展多层次跨境电子商务人才培训,提高跨境电子商务研究水平,加快推进人才建设的战略部署,创建具有中国(杭州)跨境电子商务综合试验区特色的人才服务,浙江省教育厅、中国(杭州)跨境电子商务综合试验区建设领导小组办公室领导,协同浙江大学、浙江工商大学、杭州师范大学、浙江外国语学院、杭州师范大学钱江学院、浙江金融职业学院、浙江经济职业技术学院、浙江商业职业技术学院、阿里巴巴、亚马逊、Wish、谷歌、深圳市海猫跨境科技有限公司、浙江鸟课网络科技有限公司、深圳科极达盛投资有限公司、杭州众智跨境电商人才港有限公司、浙江执御信息技术有限公司、杭州跨境电子商务协会联合编写"跨境电子商务新形态立体化教材"丛书。该丛书的出版发行,必将引起跨境电子商务行业的广泛关注,并将进一步推动我国跨境电子商务产业不断向前发展,也为广大跨境电子商务从业者、跨境电子商务科研工作者、跨境电子商务爱好者学习研究跨境电子商务提供了必要的参考。

"跨境电子商务新形态立体化教材"丛书的编写,是中国(杭州)跨境电子商务综合试验区的重要工作,也是浙江省教育工作服务浙江经济、培养创新人才的一项重要工程。教材编写整合了浙江省内外高校、知名企业、科研院所的专家资源,突出强调教材的国际化、网络化和立体化,使"跨境电子商务新形态立体化教材"丛书成为推进浙江省乃至全国教材改革的示范。

浙江省教育厅

中国(杭州)跨境电子商务综合试验区

中国(杭州)跨境电商人才联盟

浙江工商大学管理工程与电子商务学院

国家电子商务虚拟仿真实验教学中心

2019 年 1 月

前　言

近年来,跨境电商的发展如火如荼,Wish 随着这股热潮应运而生,发展至今已成为全球第六大电商平台,更是北美地区领先的电商平台。Wish 的异军突起也吸引了越来越多的商家前来入驻,商家们借助 Wish 平台将优质的产品销往全球各地。跨境电商是当今互联网时代发展最为迅速的贸易方式,它为更多国家(地区)、更多企业、更多群体带来了新的发展机遇,它是构建开放型世界经济的重要支撑、是稳定外贸增长的潜在动力、是创新驱动发展的主要引擎、是"大众创业、万众创新"的重要渠道,是引领国际经贸规则制定的重要突破口。

与此同时,各大高校纷纷设立创业学院,全面普及创业教育。对于大学生创业来说,跨境电商是一个蓝海行业,非常适合在校大学生学习和实践。而 Wish 平台是一个以年轻卖家为主体的移动跨境电商平台。Wish 推出人才培养"星青年"计划,由 Wish 与高校、政府对接,进行人才培养孵化,投入资源,尽可能地扫清青年人创业过程中的障碍,是一个为青年助力梦想的新项目。

浙江外国语学院是 Wish"星青年"计划合作的第一批高校之一。该项目由 Wish 官方联合各地高校设立 Wish 跨境电商学院(班),整合 Wish"星工厂"的供应链资源,借助高校和当地政府提供的政策支持优势,帮助在校大学生或应届毕业生创业和就业。该项目实施以来,浙江外国语学院培养了一批 Wish"星青年"创业人才和关键岗位人才,积累了跨境电商 Wish 平台的教学经验和实践经验。在教学过程中我们发现,市场上缺少一本适合高校教师教学和大学生学习的 Wish 教材。在京东、亚马逊和当当网查询,独立成册的Wish 教材只有一本由 Wish 电商学院官方编写的《Wish 官方运营手册:开启移动跨境电商之路》,而这本教材面向的读者是企业卖家,是一本比较全面的操作手册,从其内容、体系结构和编写逻辑来看,并不完全适合高校大学生。《跨境电商 Wish 立体化实战教程》则是以高等院校普通本科生和高职院校专科生为主要读者对象。本教材适合高校教师课堂教学,遵循大学生思维习惯,提供配套习题、课程视频、每章测试与项目策划等内容,更加适合学生课后巩固和操练,符合大学生学习规律。

本教材由跨境电商方向的专家、骨干教师、政府部门跨境电商方面相关人员等联合编写,来源上覆盖了高校教师、Wish 企业家、政府人员,学科和专业上也涵盖了电子商务、计算机、国际贸易、语言等多个学科。全书分为七章,分别是 Wish 平台概述、Wish 卖家开店及政策解读、店铺运营、店铺优化、实用工具、项目孵化与创业、Wish 卖家案例分享。教材中实例和截图数据均以实际注册并且正在运营的账号为依据。建议教学时教师至少拥有一个真实的 Wish 注册账号或者与运营公司合作开展教学。如果未注册 Wish 店铺账号，可以注册 Wish 平台官方沙盘的模拟账号进行学习，注册入口网址为：http://sandbox.merchant.wish.com/。

本教材完成于 2019 年 4 月，部分内容在书稿印刷前，即 2019 年 9 月再次做了更新。当然，为了尽量与 Wish 平台的更新保持同步，本教材将部分 Wish 平台内容链接以二维码的形式嵌入书中（需特别注意的是，二维码链接也可能因为 Wish 平台链接的调整变动而失效）。2019 年 7 月初，参与教材编写的教师录制了课堂教学视频，也已放入二维码供读者参考。由于 Wish 平台更新较快，对于书中文字与链接内容不一致之处，以 Wish 平台发布的内容为准，在此特请谅解。

本教材以创业思维锻炼、Wish 开店跟踪指导、Wish 实战操作、政策解读、问题处理等系统化创业实战内容为根本；以 Wish 跨境电商全流程实践为主线，配套教学视频、教学 PPT、教学案例、资源拓展等全方位内容，既能方便教师教学，又能全程引领学生学习，在拓展学生的跨境电商思维的同时，还能够提高学生的就业能力，对于有创业意愿的学生，经过本教材的学习之后，能够独立开启 Wish 创业之路。

读者如需要教材配套 PPT（一般会一年更新一次），或遇链接失效及其他问题，请发送电子邮件至 myfang180@zisu.edu.cn 或 149078502@qq.com 咨询，也欢迎广大读者朋友交流指正！

编者
2019 年 4 月

目录

第一章

Wish 平台概述

Wish 平台
概述

第一节　Wish 公司概况

2011 年 9 月,一起求学于加拿大滑铁卢大学的两位室友——出生在波兰华沙的 Peter Szulczewski(彼得·斯祖尔切夫斯基)和来自于中国广州的 Danny Zhang(张晟),在美国硅谷创立了一家名为 ContextLogic 的公司,即 Wish 的母公司。ContextLogic 希望通过机器学习和自然语言处理技术处理信息,从而提高广告与内容页的相关性。后来,ContextLogic 推出 Wish,Wish 起初的运作模式类似于图片社交软件,用户可以在上面创建自己的愿望列表。2013 年 3 月,Wish 加入商品交易系统,正式踏入电商领域①。

如今,Wish 已成为北美和欧洲最大的移动电商平台。同时,Wish 也荣列全球第六大互联网电商平台,成为全球第五家 4 年内电商交易规模 GMV(gross merchandise volume)达到 30 亿美元的互联网公司,成为令业界瞩目的独角兽科创公司!

一、公司创始人介绍

彼得·斯祖尔切夫斯基目前担任 Wish 的首席执行官。在大学毕业前,他就已经在三家著名企业实习过:冶天(ATI)、英伟达(NVIDIA)和微软(Microsoft),如表 1-1 所示。

表 1-1　彼得·斯祖尔切夫斯基大学毕业前实习经历

实习企业	岗位	起止时间
冶天(ATI)	软件工程师助理	2002 年 5 月—2002 年 9 月
英伟达(NVIDIA)	软件工程师	2003 年 5 月—2003 年 9 月
微软(Microsoft)	软件设计工程师	2004 年 1 月—2004 年 5 月

数据来源:作者调研整理。

2004 年 8 月,揣着耀眼的实习经历和名校背景,彼得·斯祖尔切夫斯基顺利进入谷歌的机器学习小组(Machine Learning Group),研究机器自主学习算法。一年后,彼得·斯祖尔切夫斯基成为技术带头人(technical leader),带领团队参与了 Google Adwords/AdSense 等经典产品的开发与设计。2009 年 11 月,彼得·斯祖尔切夫斯基离开谷歌。

---

① Wish 电商学院.Wish 官方运营手册:开启移动跨境电商之路[M].北京:电子工业出版社,2017.

2011 年，与张晟一起创办了 ContextLogic 公司（Wish 母公司）。

张晟在大学期间，仅在加拿大铝业集团（Alcan）实习过，任软件优化工程师。毕业之后，他去了雅虎（Yahoo），此后又工作于 Lime Wire 和美国电话电报（AT&T）公司，张晟的工作经历如表 1-2 所示。

表 1-2　张晟大学毕业后工作经历

工作企业	岗位	起止时间
雅虎（Yahoo）	技术带头人	2005—2008 年
LimeWire	软件架构师	2009 年
美国电话电报公司（AT&T）	工程师主管	2010—2011 年

数据来源：作者独家调研整理。

从履历中可以看出，张晟也是一位典型的技术男。他已经在计算机科学领域拥有 9 项专利。此外，他对算法技术颇有研究，曾与人一起在专业期刊发表文章"Algrithms for Detecting Cheaters in Threshold Schemes"。2011 年，张晟离开 AT&T，与彼得·斯祖尔切夫斯基一起联合创立了 Wish，目前担任 Wish 首席技术官。

二、Wish 公司发展历程

2013 年初，Wish 转型进入电子商务行业，到 2013 年 12 月，仅 9 个月时间，其平台交易额就达到近 1 亿美元。

2014 年 2 月，为了进一步拓展中国供应商资源，Wish 在上海成立了办事处。随后，Wish 招商团队在中国展开了大规模的招商活动。

2015 年，Wish 由单一 Fashion 品类发展到全品类产品销售，分别上线了科技电子类产品购物 APP Geek 和母婴类 APP Mama，后又专门针对"女性经济"推出化妆美容类商品垂直购物 APP Cute。Wish 推出这些垂直类 APP，一方面是对潜在竞争对手的防御，另一方面也是自我发展的需要。

2016 年，Wish 平台 GMV 增幅达 100%，营业收入增幅超过 200%，推广费用降低了 80%，注册用户超过 3.3 亿，日活跃用户超过 700 万。Wish 上 90% 的买家来自于 Facebook，90% 的卖家来自于中国，并于 2016 年 5 月在上海成立客诉中心。Wish 平台在 2016 年表现出了新的趋势，品类分布上，服饰、配饰品类占比下降，3C 数码、美妆、家居品类占比上升。客单价方面，2016 年同比增长 17%。从账户成交额来看，广东占比 55%，长三角地区增长快速，来自浙江的成交额已跃升至第二，占比 19%[①]。

2014—2016 年是 Wish 飞速发展的三年，连续三年被评为硅谷最佳创新平台。

2017 年 3 月的 Wish 春季卖家大会首次公布了以"星工厂、星青年、星服务、星卖家、星技术"为内容的"五星计划"。尤其是"Wish 星工厂"和"Wish 星青年"两个平台项目，一方面帮助传统制造业摸索出一个有效的推进、实施跨境电商业务的路径，另一方面也为跨

①　电商在线. Wish 自曝 2016 年 GMV 增幅 100%，今年还将发生这些[EB/OL].[2017-04-06]. http://www.siilu.com/20170406/225070.shtml.

境电商供应链提供更多的人力资源输送。2017 年 9 月消息,Wish 进行新一轮 2.5 亿美元融资,估值超过 80 亿美元。包括 Wellington Management 在内的数家共同基金,参与了 Wish 的此轮融资。截至 2017 年 6 月,平台上聚集了超过 30 万的卖家[①]。Wish 在"星耀 2017"Wish 秋季峰会上表示:2017 年 Wish 中国出口电子商务交易额达到 5.6 万亿元,预计未来五年(2017—2021 年)将继续保持年均 20% 以上的高速增长。

自成立以来,Wish 每年的收入都比前一年增长许多。他补充说,"看来 2018 年我们的收入会再次翻番"。2018 年 4 月,Wish 的每月活跃用户达到 7500 万,其网站上拥有 100 多万的卖家,提供超过 2 亿多件商品,2018 年出货量将超过 10 亿件[②]。

Wish 目前在全球 40 多个国家的安卓购物 APP 中下载量第一,估值约 80 亿美元。2017 Wish 年签署了一项价值数百万美元的协议,在洛杉矶湖人队球衣上印上其标志。彼得·斯祖尔切夫斯基自信地说:预计在未来 10 年,Wish 就可以成为下一代的沃尔玛和阿里巴巴。

三、Wish 的特点

Wish 主要有以下几个区别于其他购物 APP 的特点。

(一)纯移动端 B2C 跨境电商平台

Wish 是全球发展最快的纯移动端 B2C 跨境电商平台,100% 的流量来自移动端。因为 Wish 是一个基于手机端的应用程序,屏幕小,操作困难,因此很注重消费者体验。用户可以随时随地浏览手机购物,从打开手机 APP 到完成付款时间很短。

(二)买卖双方年轻化

Wish 买家与卖家年龄集中在 18~35 岁区间。Wish 卖家遍布华东、华北、华中地区,众多中小卖家和年轻人顺利实现了草根创业,成就了事业。

(三)流量由后台算法智能分配

Wish 是一个率先将智能推荐算法技术完全应用到电商的平台,以数据赋能平台发展,坚持以技术为核心驱动力,在现有的北美和中国数据中心的基础上,为用户提供高效的在线和离线数据服务。Wish 的五大基本系统有推荐系统、整体预警系统、智能物流系统、大数据系统和风控系统,Wish 利用数据技术改进并优化商品购买转化率、物流及时性及支付安全性。与其他电商购买模式不同的是,Wish 的消费者根据 Wish 推送的内容浏览商品,是一种相对被动的浏览。

(四)极具竞争力的产品定价

Wish 瞄准低收入消费者群体。彼得·斯祖尔切夫斯基表示,他将重点放在低收入购物者身上,认为低收入购物者构成了一个庞大且服务不足的市场。他计划通过建立更多的仓库和物流系统来加快配送,使 APP 更加个性化。

---

① 电子商务研究中心.Wish 跨境电商发展高峰会议在郑州举行[EB/OL].[2017-06-27]. http://www.100ec.cn/detail—6402710.html.

② 电子商务研究中心.2017 年 Wish 营收首超 10 亿美元今年或将再翻番[EB/OL].[2018-06-14]. http://www.100ec.cn/detail—6454617.html.

四、Wish 的商品推送原理

Wish 通过系统推送向买家推荐商品，Wish 上的产品种类丰富，其品类包括 3C 数码类、母婴、美妆、家居等全品类产品。Wish 根据商品更换频率对商品进行推送，淡化店铺概念，注重商品本身的区别和用户体验的质量；在商品相同的情况下，以往服务记录好的卖家会得到更多的推广机会。

Wish 商品推送原理是系统根据用户在注册时填写的基本信息，加上后期的浏览、购买行为，为用户打上标签（tag），不断记录和更新用户标签，然后按用户多维度的标签向用户推荐他们可能感兴趣的商品。这些计算由系统完成，并且有持续修正的过程。

第二节 Wish 平台介绍

截至 2019 年 7 月，根据 Wish 官方发布的数据，Wish 平台拥有超过 5 亿的注册用户，月活跃用户 7000 万以上，在售产品超过 1.2 亿件，为全球 80 个以上的国家和地区提供购物服务。

Wish 平台包括 Wish 综合购物 APP、Mama 母婴类购物 APP、Cute 彩妆类购物 APP、Home 家居类购物 APP、Geek 电子产品类购物 APP。其中 Wish 综合类购物 APP 的商品种类最齐全、最丰富。Mama、Cute、Home 和 Geek 是从综合购物 APP 中精选出来的垂直类商品购物 APP，为商品需求相同的用户群体提供简单直接的购物体验。本书只讨论 Wish 平台的综合购物 APP。

Wish 综合购物 APP 包括 Wish 买家 APP、Wish 商户 PC 端后台和 Wish 商户 APP。综合购物应用上提供了丰富多彩的商品，包括女装、男装、鞋子、时尚服饰、饰品、手机配件、电子产品、手表、婴儿及儿童用品、化妆及美容用品、节假日礼品等。

一、Wish 买家 APP 下载注册及使用

Wish 买家 APP 是一款供全球买家在 Wish 平台购物的手机应用程序，它支持在各类手机、平板电脑等移动设备的苹果或安卓系统上安装使用，并具备很好的适用性和用户体验。在安卓移动设备中的应用商店或苹果移动设备中的 APP Store 搜索"Wish"，便可下载相关的应用程序，Wish 买家 APP 下载界面如图 1-1 所示。

下载安装后，在手机桌面会生成一个应用程序图标，图标的样式如图 1-2 所示。

双击手机桌面的 Wish 买家 APP 图标，进入买家 APP 注册登录界面，新手还没有买家账号，点击图 1-3 界面上的"Create Account"按钮注册一个新买

图 1-1 Wish 买家 APP 下载界面

家账号。如果是老用户，点击"Sign In"按钮可直接进行登录。登录之后主界面上端有个放大镜图标的位置是搜索栏，买家可以在这里录入想要购买的物品的关键词。搜索栏下面一行栏目是一些常用功能，屏幕中间是商品列表，用户可以滑动浏览商品。最底下一栏是辅助工具栏，有主页、收藏、类目、购物车、用户个人信息（Profile）等实用工具。点击类目工具图标，出现如图1-4所示的类目界面。

图 1-2　Wish APP 图标

图 1-3　注册登录界面

图 1-4　买家 APP 类目界面

　　用买家账号和身份登录买家 APP 以后，就可以浏览、搜索、购买商品了。Wish 购物平台上提供的商品折扣率达到 50%～80%，另外还提供特惠商品，不断吸引买家多次购买。当用户浏览到某商品准备购买时，只要点击页面下面的"Buy"按钮（见图 1-5），产品就会被加入到购物车中（见图 1-6）。

图 1-5　将产品添加到购物车界面

图 1-6　购物车界面

如果是第一次购买,需要填写常用的支付方式,可以使用各类银行卡或 PayPal 账户支付,如图 1-7 所示。最后填写收货地址,如图 1-8 所示,一次购物过程完成。

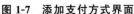

图 1-7　添加支付方式界面　　　　　　图 1-8　添加收货地址界面

截至 2019 年 7 月,Wish 可以服务到的国家和地区超过 80 个,如表 1-3 所示。

表 1-3　Wish 可以服务到的主要国家(地区)

洲名	可用 Wish 购物的国家(地区)	数量
欧洲	芬兰、瑞典、挪威、丹麦、爱沙尼亚、拉脱维亚、立陶宛、俄罗斯、乌克兰、波兰、捷克、斯洛伐克、匈牙利、德国、奥地利、瑞士、列支敦士登、英国、爱尔兰、荷兰、比利时、卢森堡、法国、摩纳哥、罗马尼亚、保加利亚、希腊、斯洛文尼亚、克罗地亚、意大利、西班牙、葡萄牙、塞尔维亚、塞浦路斯、波黑、百慕大、阿尔巴尼亚、马其顿、卡塔尔	39
美洲	哥伦比亚、委内瑞拉、厄瓜多尔、秘鲁、巴西、智利、阿根廷、哥斯达黎加、牙买加、波多黎各、英属维尔京群岛、美属维尔京群岛、加拿大、美国、墨西哥、多米尼加、巴巴多斯、摩尔多瓦、洪都拉斯	19
大洋洲	澳大利亚、新西兰	2
亚洲	中国、韩国、日本、菲律宾、越南、泰国、马来西亚、新加坡、印度尼西亚、印度、巴基斯坦、约旦、以色列、沙特阿拉伯、科威特、阿联酋、土耳其	17
非洲	埃及、南非、摩洛哥	3

Wish 支持的语言有 30 多种,具体为:中文、英语、西班牙语、葡萄牙语、日语、法语、意大利语、德语、泰语、越南语、土耳其语、俄语、丹麦语、印度尼西亚语、瑞典语、挪威语、芬兰语、希腊语、波兰语、罗马尼亚语、匈牙利语、白俄罗斯语、捷克语、斯洛伐克语、斯洛文尼亚语、爱沙尼亚语、拉脱维亚语、立陶宛语、阿拉伯语和克罗地亚语等。

📍 **注意事项**

・可使用 Wish 购物的国家(地区)及 Wish 的适用语言会持续不断增多。

・Wish 支持在同一个国家(地区)使用不同语言进行购物,也支持使用不同类型的货币购物。

二、Wish 商户 PC 端后台

Wish 商户后台是一个供卖家入驻开店、销售产品的平台。Wish 商户 PC 端后台国际版网址是 https://www.merchant.wish.com,中国版网址为 http://china-merchant.wish.com。平台的口号是"免费入驻 Wish 商户平台,以高效的方式让商品跨境出海,直通全球的移动购物主流电商 APP,与全世界做生意"。打开网站,界面简单清晰,"立即开店"按钮占据主画面,界面效果如图 1-9 所示。详细开店流程见第二章。

图 1-9　Wish 商户 PC 端后台主界面

三、Wish 商户 APP

目前,Wish 在全球拥有 4.2 亿用户,每天有超过 700 万的活跃消费者。通过深入了解消费者的爱好和行为,Wish 为每一个体营造了关联性强、娱乐性高的定制化浏览体验。对于商户来说,这意味着更有效的产品曝光和更高的销售转化率。

Wish 商户可免费进行店铺注册、资讯阅览、信用卡使用、产品上架及促销推广等操作。Wish 仅对每个成交订单收取一定的佣金。产品上传无数量限制。商户可以同时获得海量数据分析报告及优质的商户支持服务。Wish 商户平台 APP 图标如图 1-10 所示。

图 1-10　Wish 商户平台 APP 图标

Wish 商户 APP 有三个特点：一是紧随店铺指标，可获知最新的店铺数据，如用户浏览数、销售量和收藏数；二是核查系统通知，在手机上实时查看店铺中的所有变化和更新通知；三是查看系统更新，第一时间收到 Wish 的变化和更新信息。如图 1-11、图1-12、图 1-13 所示。

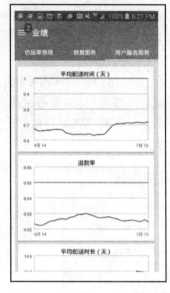
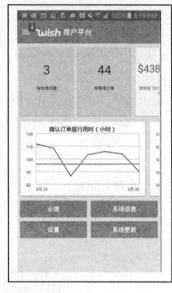
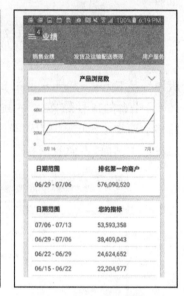

图 1-11　店铺更新信息　　　　图 1-12　最新店铺数据　　　　图 1-13　店铺系统通知

四、Wish 商户 APP 的下载和安装

（一）从 Wish 商户平台网站下载 Wish 商户 APP

在 Wish 商户平台网站（https://www.merchant.wish.com/mobile）上下载 Wish 商户 APP，下载界面如图 1-14 所示。

图 1-14　Wish 商户平台网站 Wish 商户 APP 下载界面

（二）从 Google Play 网站安装

从 Google Play 网站点击"INSTALL"安装后，在弹出的窗口中选择想要安装 APP 的设备，然后再次点击（见图 1-15）。

图 1-15　在 Google Play 网站选择想要安装 Wish 商户 APP 的设备

（三）从移动设备上的 Google Play Store 安装

打开"Google Play Store" APP，搜索"Wish for Merchants"。在 APP 页面点击"INSTALL"（见图 1-16），然后在弹窗中点击"AGREE"按钮，完成安装步骤。

图 1-16　从移动设备上的 Google Play Store 安装 Wish 商户 APP

（四）从小米应用商店网站上下载

从小米应用商店（Xiaomi Store）网站上下载 APP。在小米应用商店搜索 Wish for Merchant，点击"免费下载"，下载 apk 文件（见图 1-17）。在设备上打开已下载文件夹，选择"com.wish.merchant.apk",然后点击"安装"即可。

图 1-17　从小米应用商店网站上下载 Wish 商户 APP

（五）从移动设备上的小米应用商店下载和安装

从移动设备上的小米应用商店（Xiaomi Market）安装。打开"Xiaomi Market" APP，搜索"Wish for Merchants"。点击 APP 页面上的"Download"进行下载（见图 1-18）。下载完成后，点击"INSTALL"，完成安装步骤。

图 1-18　从移动设备上的 Xiaomi Market 下载 Wish 商户 APP

（六）其他下载和安装方法

若无法进入 Google Play 或 Xiaomi Store 网站，您可以直接点击"Download for Android"按钮，下载 Wish 商户 APP。下载完成后，打开您设备上的已下载文件夹，选择"Merchant.merchant- *.*.*.*.apk"（见图 1-19），然后点击"INSTALL"按钮（见图 1-20）即可。

图 1-19　打开已下载的文件夹

图 1-20　直接点击"INSTALL"按钮安装 Wish 商户 APP

本章习题

第一章习题

第二章

Wish 卖家开店及政策解读

Wish 卖家开店准备及成本分析

第一节　开店前准备及成本分析

自 2018 年 10 月 1 日 0 时起(世界标准时间),在 Wish 新注册的店铺需缴纳 2000 美元的店铺预缴注册费。这项政策将适用于在 2018 年 10 月 1 日 0 时(世界标准时间)之后收到审核回复的所有商户账户。自 2018 年 10 月 1 日 0 时(世界标准时间)开始,长时间未使用的商户账户也需缴纳 2000 美元的店铺预缴注册费。

同时,从 2019 年 7 月以来,Wish 卖家注册费政策不断调整,会不定期阶段性地推出注册免注册费政策。

开设店铺之前需要从硬件和供应链等方面做一系列的准备。

一、Wish 卖家开店硬件准备

硬件准备及成本分析如表 2-1 所示。

表 2-1　硬件准备及成本分析

类别	具体要求	单价(元/台)	备注
台式电脑	目前市场上的主流电脑一般均可满足开设店铺的需要	3000~6000	
笔记本电脑	方便移动办公,根据配置高低价格会不同	2000~7000	
手机	能支持上网功能	1000~3000	
数码相机	300 万像素的相机已可以满足产品拍摄需要,CCD(charge-coupled device)感光器件,具有微距拍摄能力	1000~3000	
打印一体机	针式打印机能打印包裹单所用的多层复写纸,而喷墨打印机不是必需的,但能够满足店铺升级阶段的客户个性化服务要求	1000~3000	可以分步添置
扫描仪	分辨率在 150dpi(dots per inch,点/英寸)以上,色彩位数为 24 位,扫描仪感光器为 CCD 模式	1000	
摄影辅助设备	根据需要选用摄影棚、摄影台、摄影灯、三脚架、灯架、反光伞、背景布、柔光板、反光板等	1000~2000	可以分步添置

二、供应链准备

供应链准备及成本分析如表 2-2 所示。

表 2-2　供应链准备及成本分析

类别	具体要求	成本
产品	产品的采购费用	占销售额的 20%～25%
品牌化材料	购买中性的产品贴标、挂吊牌等	3000 元
物流方式	推荐空运	占销售额的 15%～25%
耗材	胶带、刀、条码纸等	300 元

三、产品描述

准备好基础硬件设备和供应链之后,需要给产品取名。产品名称使用简单的描述即可,关键词并非越多越好。清晰、准确、详细的产品名称和适当的特征描述会在一定程度上促进成交量。特征描述包括对产品功能、材质的描述,让客户有感官的认识,但是并不像其他平台那样需要用关键词堆砌的名称来获得流量。产品描述尽量排列整齐,一段一行。尺码、大小、颜色需简单明了。可以做表格将尺码和颜色截成图片,以图片形式呈现给买家。可以放置 3～10 个标签(tag),平台本身的系统也会自动推送相关词汇供商家选择。标签的作用非常重要,相当于关键词。系统主要依靠抓取标签信息来和消费者的需求进行匹配。

四、准备产品基本图片

一般上传图片 3～10 张,可以上传本地电脑的图片或者网络空间里的图片链接,图片背景最好用白色背景的产品静物照。

五、库存设置

库存数量的多少会影响用户体验,影响展现率,商家应该定期检查库存是否接近售罄。

六、运费设置

预估产品运费(需要包括 15% 的平台佣金)。

第二节　开店实践

Wish 卖家
店铺注册
流程

一、店铺注册的流程

(一)第 1 步

登录 https://china-merchant.wish.com,并点击"立即开店",如图 2-1 所示,进入

Wish 商户注册界面(需注意的是,Wish 店铺注册流程和界面在不断调整中,具体以 Wish 官方页面为准)。

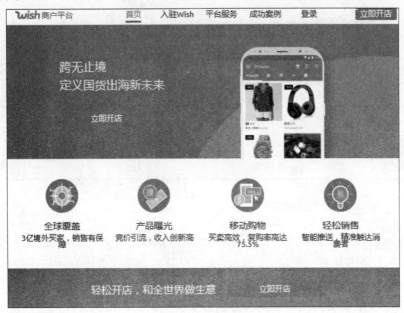

图 2-1　Wish 商户注册界面

(二)第 2 步

进入"开始创建您的 Wish 店铺"界面,如图 2-2 所示,完成所有项目的填写。

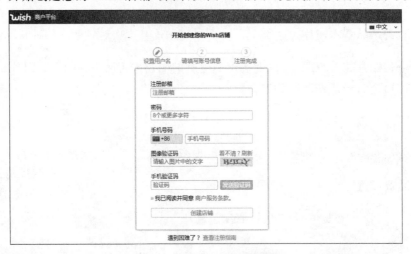

图 2-2　创建 Wish 店铺界面

(1)选择您习惯使用的语言。

(2)输入常用的邮箱,开始注册流程,该邮箱也将成为未来登录账户的用户名。

(3)输入登录密码,为确保账户安全,密码必须不少于 8 个字符,并且包含字母、数字和符号,例如"password001@store"。

(4)输入手机号码及其下方显示的图片验证码。

（5）当完成以上所有步骤之后，请点击"创建店铺"。

（三）第3步

Wish将发送验证邮件至您注册时使用的邮箱，请点击"立即查收邮件"，如图2-3所示。

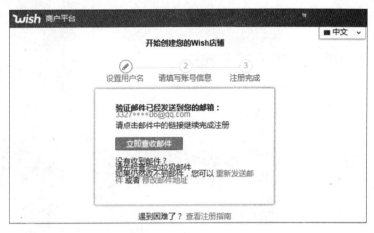

图 2-3　Wish 发送验证邮件界面

（四）第4步

检查邮箱，会收到一封确认邮件。点击"确认邮箱"或者链接后会直接跳转到您的商户后台，如图2-4所示。

图 2-4　确认邮箱

（五）第5步

在"告诉我们您的更多信息"界面，输入店铺名称，店铺名称不能包含"Wish"字样。输入您的姓氏和名字。真实姓名一旦确定将无法更改。输入您的办公地址及邮政编码，如图2-5所示。

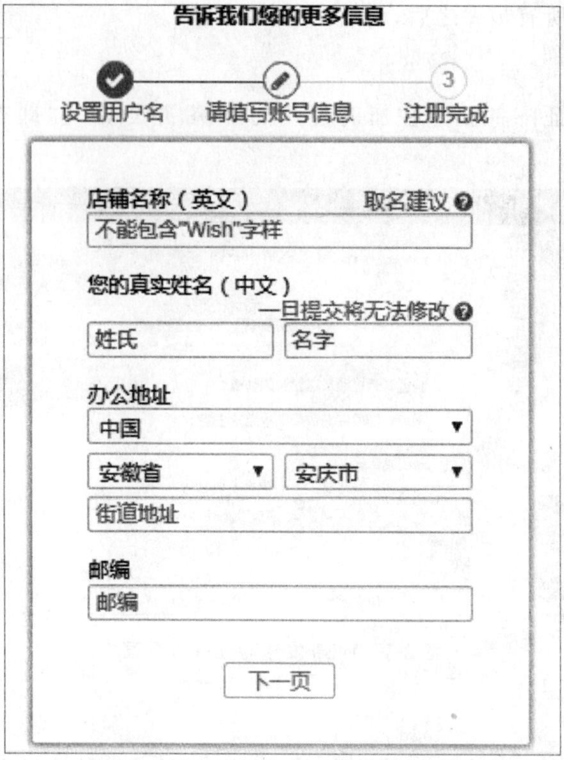

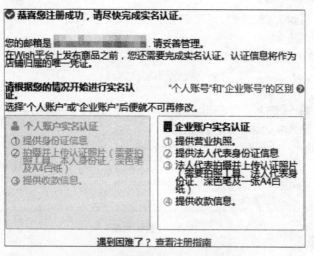

图 2-5　店铺的更多情况界面

点击"下一页"继续注册流程,然后进入实名认证界面。目前 Wish 平台仅支持企业账户注册,如图 2-6 所示。

图 2-6　企业账户实名认证界面

（六）第 6 步

在企业账户实名认证的"公司信息"界面,输入公司名称(注意:个体工商户不可作为企业账户)、统一社会信用代码并上传清晰的营业执照彩色照片,如图 2-7 所示。

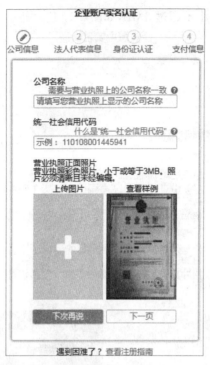

图 2-7　企业实名认证界面

（4）点击"下一页"按钮，输入法人代表姓名和法人代表身份证号，如图 2-8 所示。

（5）点击"下一页"按钮，进入企业法人身份证认证步骤。请企业商户准备好拍照工具、法人本人身份证、深色笔及一张 A4 白纸，如图 2-9 所示。提示如下。

图 2-8　输入法人代表信息

图 2-9　企业账户认证提示

①使用数码相机或至少有 500 万像素的智能手机（请勿使用带有美颜功能的智能手机）。

②照片清晰度和文件大小（3MB 或更小）将影响您的实名认证，请谨慎选择拍照工具。

③整个认证过程必须在 15 分钟内完成。

（6）点击"开始认证"按钮后，页面跳转至"企业账户实名认证"，系统会在第一行给出该商户独有的验证码，法人只需将验证码写在事先准备好的 A4 纸上，并手持身份证及写有验证码的 A4 纸进行拍照。为确保注册审核的顺利进行，商户可以参照示例照片，准备好自己的照片文件,文件大小不超过 3MB,如图 2-10 所示。

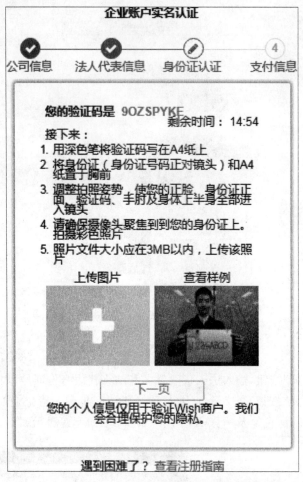

图 2-10　企业法人身份证认证界面

(7)点击"下一页"进入支付平台的选择界面,如图 2-11 所示。下面将会展示如何添加收款信息,以便在 Wish 开展业务后能正常收到货款。可选择多种收款方式,如 UMpay (联动支付)、AllPay(欧付宝)、Payoneer(派安盈)、payeco(易联支付)等。

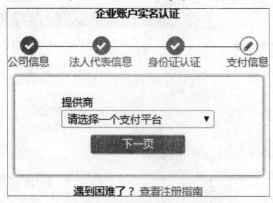

图 2-11　支付平台选择界面

这里以 AllPay 设置为例，如图 2-12 所示。

①请正确输入相关的银行账户信息。

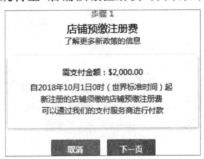

图 2-12　填写支付信息

②点击"下一页"按钮，跳转至"店铺预缴注册费"界面，如图 2-13 所示。

图 2-13　店铺预缴注册费界面

③点击"下一页"按钮，选择支付提供商，如图 2-14 所示。

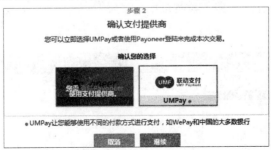

2-14　确认支付提供商界面

④假设选择联动支付，点击"继续"按钮，跳转至"确认付款信息"界面，如图 2-15 所示。

图 2-15　确认付款信息界面

⑤点击"确认"按钮，就完成了 Wish 企业账户注册的整个流程。在确认所有信息无误并提交审核之后，接下来进入 Wish 后台的审核阶段，审核阶段一般需要 1～3 个工作日，请商户耐心等待。

二、产品上传

作为 Wish 平台的商户，可以使用两种方法来发布/上传产品：手动和产品 CSV（comma-separated values，逗号分隔值）文件。对于第一次登录 Wish 的新商户，推荐手动上传产品，以便熟悉流程和平台。下面详细介绍这两种方法。

（一）手动添加新产品

Wish 产品
上传

可以通过商家操作界面里的添加新产品来手动上传 Wish 产品。点击 http://merchant.wish.com/login 登录后台，在最上方的菜单栏里点击"产品"选项，在弹出的下拉菜单中选择"添加新产品"，继续在弹出的下一级菜单中选择"手动"，如图 2-16 所示。

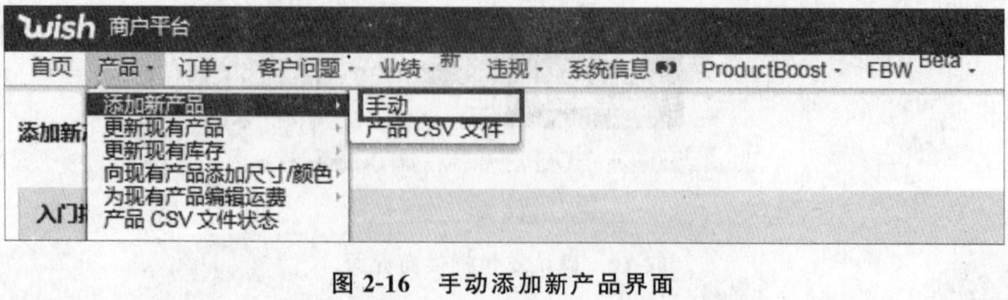

图 2-16　手动添加新产品界面

1.添加商品基本信息

完整填写该商品的全部基本信息,包括产品名称、描述、标签及唯一属性的商品 Id。如有不清楚如何填写的可点击每个填写栏上的问号以获得更多的信息。

(1)产品名称

"Product Name"直译是"产品名称",用于告知用户产品是什么,并且帮助用户搜索到产品。官方推荐写法:关键词＋品牌名＋属性词(适用年龄、性别群体、产品名字、产品材质、产品类型等),产品名称长度控制在 200 个字符以内(空格和标点符号也算)。举例如下。

①可接受:"Men's Dress Casual Shirt Navy"。

②不能接受:"Best Price!!!"或"＊＊CHEAP＊＊"或"Baby Stroller!!!"。

产品名称填写界面如图 2-17 所示。

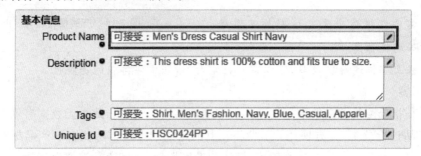

图 2-17　产品名称填写界面

📍 **注意事项**

· 产品名称必须清楚准确,尽量简短,且应能描述要销售的产品。

· 标题后面可加上 Color、Size 等通用产品类型词。

· 不要添加无意义的"!""@""#""$""%""＊"等符号。

· "cheap""hot""new""free""shopping""promotion""discount""fat""MM"等词不能使用。

(2)描述

描述就是对产品详细、精确的叙述。对描述的要求如下。

①默认用英文填写,限 4000 个字符,且只有前 250 个字符显示在初始的获取页上。

②不能包含任何 HTML 代码,不能出现有关店铺政策的详细信息,不能出现其他店铺特定的语言或多行信息。

③"换行"字符(如"enter"或"return")将导致您的文件出问题。

④有关大小、合身度、尺寸等信息对服装类产品的销售很有帮助。

⑤在描述数字时,用阿拉伯数字代替英文词,如用"5"代替"five"。

⑥不要用特定字符,如©、♂、TM。

⑦描述中要明确说明包裹内容,不要有拼写错误。

举例如下。

a.可接受:"This dress shirt is 100％ cotton and fits true to size"。

b.不能接受:"Men's long sleeve clothing hoodies ＆ sweat shirts male casual slim zipper."。

产品描述填写如图 2-18 所示。

📍 注意事项

• 如果产品数量的单位是特殊的，需要标注清楚，例如一双、一打、一箱等。

• 产品的独特性或差异性可以在描述中最前面的位置展示，让客户直接了解产品优势。

• 描述需要简洁，外国人的阅读习惯和中国人有较大差异，繁杂的描述容易引起客户的反感。

• 不需要在描述中重复填写物流渠道、妥投时效等物流信息。

描述

Hello! Welcome to our store! Quality is our first consideration with best service.

Features:

-- Condition: 100% brand new

-- Made of high quality pu leather

-- Soft and comfortable

-- Color:black,brown

-- Size:1(cm)=0.3937008(in)

-- Package:1 Pc

Please allow 1-2cm differs due to manual measurement,thanks.

Note: Due to the difference between different monitors, the picture may not reflect the actual color of the item. Thanks for your understanding.

图 2-18　产品描述填写

• 如果文字描述确实较多，可以留一行空白，增强文字排版的美观性。

(3)标签

标签是指分配给源文件中每个产品的非层次结构关键词。此类元数据有助于描述产品并对产品进行分类，且方便用户在 Wish 上浏览或搜索时再次找到。产品标签之间应该用英文逗号分开。添加的标签越多，描述的准确性越高，该产品被推送到用户面前的概率越大，消费者更容易找到该产品。每个产品最多添加 10 个标签，如果添加的标签超过 10 个，多余的标签将会被忽略。

常见的标签写法为：产品品类名称＋产品属性词＋产品使用场景。举例如下。

可接受："Shirt,Men's,Fashion,Blue""Women's Fashion,Jewelry&Watches"。

不能接受："Clearance Items""Cheap Cheap Cheap""Fashion,Suits,Ties,Silk Ties, Men's Suits,Italian Made Suits,Italian, Men's Fashion,Hand Crafted, Silk,High Quality"，这样标签就会太多。

填写标签输入英文时，会弹出多个常用标签列表以方便选择，这时用鼠标在下拉菜单中选择想要的标签并点击进行确认即可，如图 2-19 所示。

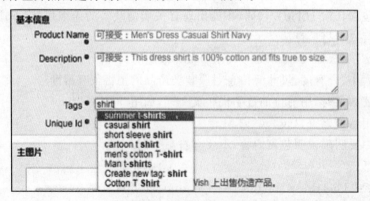

图 2-19　产品标签填写

注意事项

- 标签一般由2～3个单词组成，部分品牌词可以在标签中合理出现。

- 标签比关键词的范围更广，标签可以从产品属性出发，选择多维度的描述性形容词或者产品应用场景词。

- Wish会自动对产品标签进行补充优化，会自动增加更多的标签，另外在第三方数据分析工具，如ERP、海鹰数据平台、米库数据平台中，还会有"卖家自填标签"和"Wish优化标签"。

（4）Unique Id

①Unique Id说明

Unique Id是指商户自己在内部使用以标识此商品的唯一SKU编号。Wish会使用SKU编号识别、跟踪、更新和报告该产品。举例如下。

可接受："HSCO24RTPP""123394698346832"。

不能接受："2""A"。

②SKU定义说明

SKU＝stock keeping unit（库存量单位），基本上包括三个概念：品项、编码、单位。为便于理解，SKU通常定义为保存库存控制的最小可用单位。例如，一款女士红色外套中S码是一个SKU，M码是一个SKU，L码也是一个SKU。所以一般来说女装中有S、M、L、XL、XXL、XXXL等6个SKU。

SKU编号规则：LC01（品类）＋001（款式编码）＋颜色＋码数。

例如，一款女士外套有红色和蓝色两种颜色，有S、M、L、XL、XXL、XXXL等6个码数，其SKU如表2-3所示。

表2-3　一款女士外套的SKU

产品	父SKU	颜色	子SKU	尺码	子SKU
Ladies Coat	LC01001	Red	LC01001R	S	LC01001RS
				M	LC01001RM
				L	LC01001RL
				XL	LC01001RXL
				XXL	LC01001RXXL
				XXXL	LC01001RXXXL
		Blue	LC01001B	S	LC01001BS
				M	LC01001BM
				L	LC01001BL
				XL	LC01001BXL
				XXL	LC01001BXXL
				XXXL	LC01001BXXXL

参考以上写法,如果一款女士外套一个颜色有多个尺码,则先填写 Unique Id(见图 2-20),然后在后面具体的码数中填写对应的子 SKU。

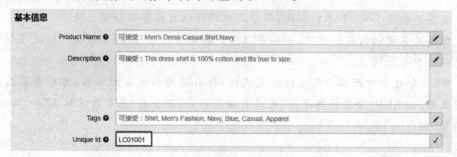

图 2-20　Unique Id 填写

注意事项

· SKU 规范化使用是 ERP 软件使用的前提条件,否则会引起产品混乱。

· SKU 主要供商户内部使用,可自由编写,没有强制要求和规则,商户自己方便使用即可。

2.上传产品图片

为产品上传多张高质量图片能让潜在顾客多视角地浏览商品以使商品获得更多的曝光度,如图 2-21 所示,产品图片包括产品的主图片和额外图片两个部分。

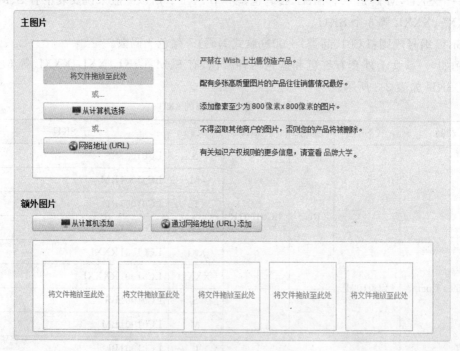

图 2-21　产品图片上传界面

主图片是指用户看到的该产品的第一个图片。主图片规格建议是正方形的,并且大于或等于 800 像素×800 像素。

主图上传主要有两种方式：一种是通过本地计算机上传，流程如图 2-22、图 2-23、图 2-24所示；另一种是添加网络地址（URL）上传，如图 2-25 所示。

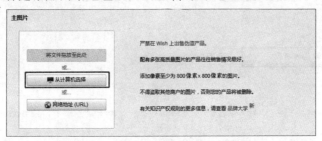

图 2-22　从本地计算机选择产品图片

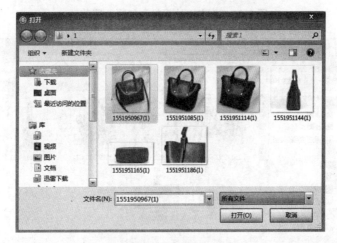

图 2-23　打开产品图片

图 2-24　上传图片完成后的效果

图 2-25　通过网络地址（URL）添加图片

额外图片是指除主图片以外的产品图片,这里最多可以上传10张图片。

通过本地计算机上传,支持多个图片文件同时上传,操作步骤如图 2-26、图 2-27 所示。

图 2-26 从本地计算机添加额外图片

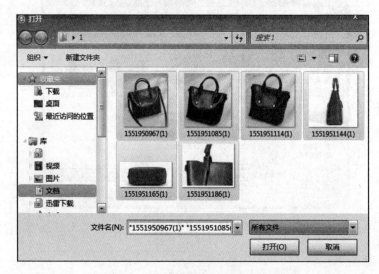

图 2-27 同时选择多个图片并打开

点击产品图片右上角的"×"按钮可以删除该图片。多个产品图片的上传速度受网络环境的影响较大,商户需要耐心等待上传完成,上传结果如图 2-28 所示。

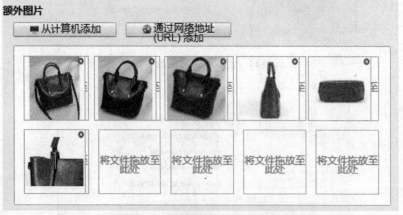

图 2-28 多个图片上传完成效果

注意事项

· 产品上传出现网络异常、未知错误、图片不显示等问题,大多数和网络环境有关。

· 使用跨境电商专用的 ERP 系统能方便批量上传产品图片,减少网络环境引起的上传异常。

3.库存和运送

库存和配送部分包括本地货币代码、产品销售价格、产品库存、产品运费、预估配送时间,如图 2-29 所示。

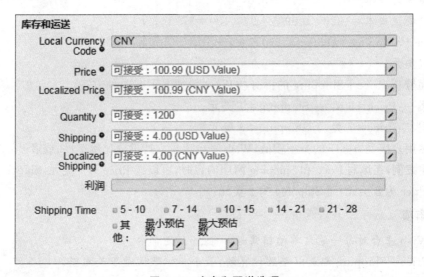

图 2-29 库存和配送选项

商户将可为新产品或已上架产品设置本地货币价格和美元($)价格。本地货币币种是基于本地货币代码的,本地货币代码根据商户销售区域预先确定。当前平台支持人民币(¥)和美元($)作为可选用的本地货币代码。目前本地货币代码不可申诉或更改。

注意事项

· 如果本地货币代码设置为人民币(¥),那么本地化产品价格仅可小于或等于美元($)价格×当日美元兑人民币汇率。

· 如果本地货币代码设置为美元($),所有已上架产品的价格也均已使用美元($)记录,那么后续商户无须更新本地产品价格。

· 在未来数月后,本地化设置产品价格将适用于计算商户款项。

(1)销售价格

Wish 平台前端购物的价格是 Price(价格)+Shipping(运费),包括了产品成本、利润和 Wish 平台收取的 15％佣金等主要部分,计算公式为

产品总成本＝产品采购成本＋出口物流成本＋产品退货成本＋利润＋Wish 平台15％佣金

Price＋Shipping(美元)＝产品总成本(元)÷当前美元汇率÷产品数量÷(100％－利润率－退货率－Wish 佣金率)

在实际运用中,产品销售价格还会涉及多个成本细节因素,商户可以根据自己的实际需要进行调整。下面用一个比较简单的案例进行讲解。

【例 2-1】 某商家进了 100 个商品 A,进货成本为 8 元,从供应商处发货至仓库物流费用是 50 元。商品 A 的重量(含包装)是 320 克,根据之前的订单经验,平均物流成本为 0.0905 元/克,商家采用中邮小包挂号的配送方式,挂号费 9 元/件。目前,该商家的退货率为 5%,假设利润率为 5%,该商品如何定价?(汇率按 1 美元＝6.7 元人民币结算)

解:

产品采购成本＝8×100＋50＝850(元)

出口物流成本＝(320×0.0905＋9)×100＝3796(元)

Price＋Shipping＝(850＋3796)÷6.7÷100÷(100%－5%－5%－15%)＝9.25(美元)≈10(美元)

下面分析 Price＋Shipping 的拆分技巧,一般情况下有两种方案。

方案一:Price＝9 美元,Shipping＝1 美元。

方案二:Price＝7 美元,Shipping＝3 美元。

显然用户接受方案一的概率较低,Wish 平台流量支持拆分比例 7∶3 或者 8∶2。所以,对于上述案例,在填写 Price 和 Shipping 两项内容时,可以选 Price 为 7 美元,Shipping 为 3 美元或者 Price 为 8 美元,而 Shipping 为 2 美元。

注意事项

- Wish 平台对每一笔订单的销售额扣除 15% 的佣金。
- Price＋Shipping 都是以整数计算的,最小单位默认是 1 美元整。
- Wish 后台默认以美元作为标准价格,填写用美元表示的前端价格即可,不需要填写用其他货币表示的售价。
- 产品在不同的国家(地区)销售时,产品前端售价会自动转换成支持的货币价格。
- 美元汇率小幅度变动是正常现象,不需要频繁调整产品前端销售价格。
- 产品前端售价越低,需要精确计算的成本数值越多。

对于海外仓产品,需要把海外仓的相关费用分摊到产品采购成本里面进行计算。

不同海外仓的产品前端销售价格一般是不同的,需要独立计算。

目前,Wish 对优质产品拥有自动调价(升价或者降价)的权利,产生的销售成交额仍然按照商户设定的产品销售价结算给商户。即 Wish 升价所增加的销售金额不会给商户,而是由 Wish 平台获得;Wish 降价所减少的销售金额也不会扣除商户的,而是由 Wish 平台承担。Wish 对优质产品调价,会对产品的转化率产生影响,导致该产品的订单量增加或者减少。如果该产品的订单量没有变化或持续减少,Wish 会在一定时间之后自动恢复原价。

(2)库存

库存是指该产品的库存数量。库存最大值为 50 万件,超过此值,库存量将会自动降低。举例如下。

可接受:"100"。

可接受:"0"。

可接受：“5”。

不能接受：“In Stock”。

不能接受：“Out of Stock”。

📍 **注意事项**

• 当库存为 0 时，该产品无法被购买，但该产品不会被自动下架，商户可以根据自己的实际情况决定是否增加库存。

库存不要盲目填写过多，例如，没有实际库存或者实际库存只有 10 个，就不要填写 10000 个。一般来说，销售价格在 1～20 美元之间的产品，库存可以填写几百个、几千个；销售价格高于 20 美元的产品，库存可以填写几十个、几百个。

海外仓产品的库存建议准确填写，否则可能因为突然的大量缺货而使部分客户退款，进而影响海外仓产品的销售权限。海外仓产品补货存在时间周期，一般在补货到仓之后，再去增加正在销售的产品库存。

库存只能填写整数，不能填写库存的单位等额外的文字信息。如果销售的产品存在不同的单位（如套/打/箱/袋），需要在前面的"描述"中标注清楚。

快速可靠的配送方式对于用户满意度至关重要。越快地对订单进行发货和配送，产品将得到越高的曝光量。添加高质量、多样化的图片是一种增加产品曝光量和推送量的极佳方法。

4.物流信息

物流信息是指与所上传产品物流相关的信息，如图 2-30 所示。

(1)Declared Name：申报物流名称。

可接受：“Repair Tools Kit Set”。

可接受：“Rings”。

不能接受：“! Rings”。

不能接受：“T”。

不能接受：“Good 衬衫”。

不能接受：Name that is longer than 200 characters（超过 200 个字符长度的名字）。

（2）Declared Local Name：以原产国（地区）当地的语言申报名称。

可接受：“棉质外套”。

不能接受：“! 棉质外套”。

不能接受：“棉”。

不能接受：Name that is longer than 200 characters（超过 200 个字符长度的名字）。

物流信息

Declared Name	可接受：Repair Tools Kit Set
Declared Local Name	可接受：棉质外套
Pieces Included	可接受：2
Package Length	可接受：10
Package Width	可接受：13.40
Package Height	可接受：13.40
Package Weight	可接受：151.5
Country Of Origin	可接受：CN
Custom HS Code	可接受：33021010.00
Custom Declared Value	可接受：$100.99
Contains Powder	可接受：Yes
Contains Liquid	可接受：Yes
Contains Battery	可接受：Yes
Contains Metal	可接受：Yes

图 2-30 物流信息

（3）Pieces Included：与此产品关联的件数。

可接受："2"。

不能接受："－1"。

（4）Package Length：打包发给用户的产品的长度（单位：厘米）。

可接受："10"。

不能接受 ："－10"。

（5）Package Width：打包发给用户的产品的宽度（单位：厘米）。

可接受："13.40"。

不能接受："－13.40"。

（6）Package Height：打包发给用户的产品的高度（单位：厘米）。

可接受："13.40"。

不能接受："－13.40"。

（7）Package Weight：打包发给用户的产品的重量（单位：克）。

可接受："151.5"。

不能接受："－151.5"。

（8）Country of Origin：产品原产国。

国家代码需遵循 ISO 3166-1 alpha-2 代码规则。

可接受："CN""US"。

不能接受："China""America"。

（9）Custom HS Code：用于海关申报的商品名称及编码协调制度。

可接受："33021010.00"。

不能接受："a"。

（10）Custom Declared Value：向海关申报的产品货值。

可接受："＄100.99""10.99"。

不能接受："＄49.99 ＋ S/H"。

（11）Contains Powder：产品是否包含粉末？

可接受："Yes""No"。

不能接受："0"。

（12）Contains Liquid：产品是否包含液体？

可接受："Yes""No"。

不能接受："0"。

（13）Contains Battery：产品是否带电池？

可接受："Yes""No"。

不能接受："0"。

（14）Contains Metal：产品是否含有金属？

可接受："Yes""No"。

不能接受："0"。

5.增加颜色和尺寸

增加销售最好的办法是确保产品有适合的尺码和颜色信息。有正确尺码和颜色信息的产品在 Wish 平台上能销售得更多。因为客户比较相信尺码和颜色选项信息完整的产品。当他们在购买前能选择他们偏好的尺码和颜色时，他们更可能购买这个产品。Wish 提供了比较常用的颜色种类，如图 2-31 所示。

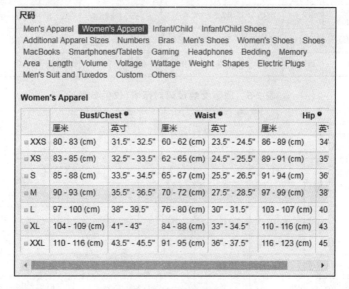

图 2-31　添加颜色界面

选中想添加的颜色旁边的方块，也可以在"其他"栏，添加额外的颜色。

📍注意事项

• 颜色不是必填选项，如果产品不需要使用颜色，那么可以不选择，留空即可。

• Multicolor 选项适用于有多个颜色的同一款式的产品。

尺码泛指产品的规格，包括男装、女装、婴儿/儿童产品、婴儿/儿童鞋、其他的服装规格、编号、文胸、男鞋、女鞋、鞋类、MacBook（苹果一款笔记本电脑）、智能手机/平板电脑、游戏设备、耳机、床上用品、内存条、面积、长度、体积、电压、瓦数、重量、形状、电插头、男式西服和礼服、自定义、其他等 27 个选项，如图 2-32 所示。

图 2-32 尺码选项区域（图中内容）：

尺码

Men's Apparel　Women's Apparel　Infant/Child　Infant/Child Shoes
Additional Apparel Sizes　Numbers　Bras　Men's Shoes　Women's Shoes　Shoes
MacBooks　Smartphones/Tablets　Gaming　Headphones　Bedding　Memory
Area　Length　Volume　Voltage　Wattage　Weight　Shapes　Electric Plugs
Men's Suit and Tuxedos　Custom　Others

Women's Apparel

	Bust/Chest		Waist		Hip	
	厘米	英寸	厘米	英寸	厘米	英寸
XXS	80 - 83 (cm)	31.5" - 32.5"	60 - 62 (cm)	23.5" - 24.5"	86 - 89 (cm)	34
XS	83 - 85 (cm)	32.5" - 33.5"	62 - 65 (cm)	24.5" - 25.5"	89 - 91 (cm)	35
S	85 - 88 (cm)	33.5" - 34.5"	65 - 67 (cm)	25.5" - 26.5"	91 - 94 (cm)	36
M	90 - 93 (cm)	35.5" - 36.5"	70 - 72 (cm)	27.5" - 28.5"	97 - 99 (cm)	38
L	97 - 100 (cm)	38" - 39.5"	76 - 80 (cm)	30" - 31.5"	103 - 107 (cm)	40
XL	104 - 109 (cm)	41" - 43"	84 - 88 (cm)	33" - 34.5"	110 - 116 (cm)	43
XXL	110 - 116 (cm)	43.5" - 45.5"	91 - 95 (cm)	36" - 37.5"	116 - 123 (cm)	45

图 2-32　尺码选项

以女装类的连衣裙为例,尺码包括 XXS～XXL 等多种类型,商户根据自己的产品规格选择对应的尺码即可,如图 2-33 所示。

Women's Apparel						
	Bust/Chest ●		**Waist** ●		**Hip** ●	
	厘米	英寸	厘米	英寸	厘米	英寸
▣ XXS	80 - 83 (cm)	31.5" - 32.5"	60 - 62 (cm)	23.5" - 24.5"	86 - 89 (cm)	34"
▣ XS	83 - 85 (cm)	32.5" - 33.5"	62 - 65 (cm)	24.5" - 25.5"	89 - 91 (cm)	35"
▣ S	85 - 88 (cm)	33.5" - 34.5"	65 - 67 (cm)	25.5" - 26.5"	91 - 94 (cm)	36"
▣ M	90 - 93 (cm)	35.5" - 36.5"	70 - 72 (cm)	27.5" - 28.5"	97 - 99 (cm)	38"
▣ L	97 - 100 (cm)	38" - 39.5"	76 - 80 (cm)	30" - 31.5"	103 - 107 (cm)	40"
▣ XL	104 - 109 (cm)	41" - 43"	84 - 88 (cm)	33" - 34.5"	110 - 116 (cm)	43"
▣ XXL	110 - 116 (cm)	43.5" - 45.5"	91 - 95 (cm)	36" - 37.5"	116 - 123 (cm)	45"

图 2-33 选择产品对应的尺码界面

值得注意的是,服装类的尺码会因各国(地区)的尺码标准不同而存在一定的差异。Wish 提供的尺码是相对通用的国际标准尺码。Wish 在不同的国家(地区)销售服装产品时,会自动把这个标准尺码转换为该国家(地区)的常用尺码。商户在售卖服装类产品时,需要优先选择国际标准尺码或欧码表示服装的尺码,这样才能更合适地匹配对应的尺码。如果服装本来是中国尺码,那么需要商户自行把产品尺码转换成标准尺码,如表 2-4 和表 2-5 所示。

表 2-4 美国女装尺码

尺码(Size)	2	4	6	8	10	12	14	16	18	20
胸围 Bust(英寸)	32.5	33.5	34.5	35.5	36.5	38	39.5	41	43	45
腰围 Waist(英寸)	24	25	26	27	28	29.5	31	32.5	34.5	36.5
臀围 Hip(英寸)	34.5	35.5	36.5	37.5	38.5	40	41.5	43	45	47
胸围 Bust(厘米)	82.5	85	87.5	90	92.5	96.5	100.5	104	109	114
腰围 Waist(厘米)	61	63.5	66	68.5	71	75	79	82.5	87.5	93
臀围 Hip(厘米)	87.5	90	93	95	98	101.5	105.5	109	114	119

表 2-5 国际女装尺码对照表(仅供参考)

国家/地区	尺码						
国际标准	XS	S	M	L	XL	XXL	XXXL
中国	S	M	L	XL	XXL	XXXL	—
美国	2	4	6	8	10	12	14
英国	6	8	10	12	14	16	18
欧洲	32	34	36	38	40	42	44
法国	34	36	38	40	42	44	46
意大利	38	40	42	44	46	48	50

注意事项

- 尺码不是必选项,如果单一产品用不上尺码,可不用选择,留空即可。
- 尺码不匹配的,尤其是服装类产品,容易产生由"产品不合适"导致的退款。
- 尺码转换最简单的方法就是参考其他电商平台的同类产品。
- 若存在不一致的尺码,商户需自行在图片或描述中注明非标准尺码的实际尺寸。

6.可选信息

可选信息是指可以选填的内容,这类信息也可以留空不填写,如图 2-34 所示。

图 2-34 可选信息

(1)建议零售价(MSRP)

MSRP(manufacturer suggested retail price)是指制造商的建议零售价,默认单位是美元。建议大家填写此字段,它将在 Wish 的产品销售价上方显示为带删除线的价格。该选项只能是数字,不能包含其他文字。举例如下。

可接受:"＄19.00""18.88"。

不可接受:"18.88＋S/H"。

注意事项

- MSRP 和服装中的"吊牌价格",超市中促销的"原价"类似,可以起到促销提示作用。
- 建议商户都填写 MSRP。MSRP 可以自由填写,但不要低于产品售价,也不要过高。

(2)品牌(Brand)

品牌就是产品的名牌或制造商名称。举例如下。

可接受:"New Brand"。

有品牌授权的条件下,可接受:"Disney"。

注意事项

- 自主品牌可以填写,也可以不填写。
- 有品牌授权的建议填写,这对客户辨识品牌产品有帮助。
- 没有品牌授权的不能填写,否则会触犯知识产权而被判产品侵权。

三、使用 CSV 文件批量添加 Wish 产品

（一）CSV 文件概述

使用产品 CSV 文件批量添加新产品是指根据指定的 Excel 模板批量填写新产品信息之后生成 CSV 文件并上传到 Wish 后台的过程。在最上方的菜单栏里点击"产品"选项，在弹出的下拉菜单中选择"添加新产品"，继续在弹出的下一级菜单中选择"产品 CSV 文件"，如图 2-35、图 2-36 所示。可以通过 Microsoft Excel 或 Google Drive 表格等创建 CSV 文件。本质上，CSV 文件是一张每个单元格均有对应属性的电子表格。

图 2-35　用 CSV 文件添加新产品菜单

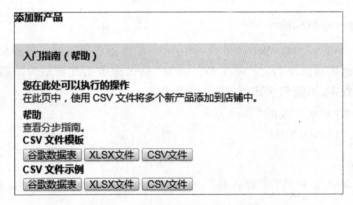

图 2-36　用 CSV 文件添加新产品界面

（二）CSV 文件的建立和上传

下面，将展示如何通过 Google Drive 表格建立 CSV 文件，并上传到商户后台，步骤如下。

（1）为产品创建一个电子表格，图 2-37 提供了一个参考模板。表格首行列出了一些可能需要的产品属性，带有星号（*）的都是必填项，其余的可选择性填写。如果存在多余的属性，可将该属性从表格中删除。比如，添加了一个女式钱包，不需要尺寸这一项属性，那么可将"尺寸"属性从该电子表格中删除。

可以在 CSV 文件中使用与这里所设不同的属性名称。例如，可以使用"库存"这个词代替"数量"。稍后将解释如何将所命名的属性名称与 Wish 一一匹配。

在"CSV 文件模板"里点击下载"XLSX"文件和"CSV 文件"，打开后看到的模板格式如图 2-37 所示。

图 2-37　XLSX 文件和 CSV 文件

在"CSV 文件示例"里面点击下载"XLSX"和"CSV 文件",打开后看到的示例效果如图 2-38 所示。

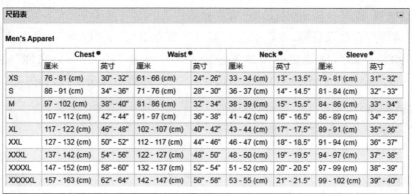

图 2-38　XLSX 文件示例和 CSV 文件示例

点击尺码表右侧的"＋",可以看到男士服装尺码表和女士服装尺码表,如图 2-39、图 2-40 所示。

尺码表

Men's Apparel

	Chest ●		Waist ●		Neck ●		Sleeve ●	
	厘米	英寸	厘米	英寸	厘米	英寸	厘米	英寸
XS	76 - 81 (cm)	30" - 32"	61 - 66 (cm)	24" - 26"	33 - 34 (cm)	13" - 13.5"	79 - 81 (cm)	31" - 32"
S	86 - 91 (cm)	34" - 36"	71 - 76 (cm)	28" - 30"	36 - 37 (cm)	14" - 14.5"	81 - 84 (cm)	32" - 33"
M	97 - 102 (cm)	38" - 40"	81 - 86 (cm)	32" - 34"	38 - 39 (cm)	15" - 15.5"	84 - 86 (cm)	33" - 34"
L	107 - 112 (cm)	42" - 44"	91 - 97 (cm)	36" - 38"	41 - 42 (cm)	16" - 16.5"	86 - 89 (cm)	34" - 35"
XL	117 - 122 (cm)	46" - 48"	102 - 107 (cm)	40" - 42"	43 - 44 (cm)	17" - 17.5"	89 - 91 (cm)	35" - 36"
XXL	127 - 132 (cm)	50" - 52"	112 - 117 (cm)	44" - 46"	46 - 47 (cm)	18" - 18.5"	91 - 94 (cm)	36" - 37"
XXXL	137 - 142 (cm)	54" - 56"	122 - 127 (cm)	48" - 50"	48 - 50 (cm)	19" - 19.5"	94 - 97 (cm)	37" - 38"
XXXXL	147 - 152 (cm)	58" - 60"	132 - 137 (cm)	52" - 54"	51 - 52 (cm)	20" - 20.5"	97 - 99 (cm)	38" - 39"
XXXXXL	157 - 163 (cm)	62" - 64"	142 - 147 (cm)	56" - 58"	53 - 55 (cm)	21" - 21.5"	99 - 102 (cm)	39" - 40"

图 2-39　男士服装尺码

Women's Apparel

	Bust/Chest ●		Waist ●		Hip ●	
	厘米	英寸	厘米	英寸	厘米	英寸
XXS	80 - 83 (cm)	31.5" - 32.5"	60 - 62 (cm)	23.5" - 24.5"	86 - 89 (cm)	34" - 35"
XS	83 - 85 (cm)	32.5" - 33.5"	62 - 65 (cm)	24.5" - 25.5"	89 - 91 (cm)	35" - 36"
S	85 - 88 (cm)	33.5" - 34.5"	65 - 67 (cm)	25.5" - 26.5"	91 - 94 (cm)	36" - 37"
M	90 - 93 (cm)	35.5" - 36.5"	70 - 72 (cm)	27.5" - 28.5"	97 - 99 (cm)	38" - 39"
L	97 - 100 (cm)	38" - 39.5"	76 - 80 (cm)	30" - 31.5"	103 - 107 (cm)	40.5" - 42"
XL	104 - 109 (cm)	41" - 43"	84 - 88 (cm)	33" - 34.5"	110 - 116 (cm)	43.5" - 45.5"
XXL	110 - 116 (cm)	43.5" - 45.5"	91 - 95 (cm)	36" - 37.5"	116 - 123 (cm)	45.5" - 48.5"

图 2-40　女士服装尺码

点击"CSV 文件规格"右边的"＋"，可以看到模板文件的属性说明，如图2-41所示。

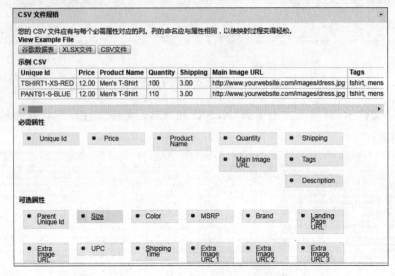

图 2-41　CSV 文件规格及属性说明

对于入门指南、尺码表、CSV 文件规格这三项内容，商户如果已经熟练使用，就可以直接略过进入下面的步骤。

(2)填入产品及其属性，建议先尝试上传10～20 个产品。如果产品具有如颜色、尺码等多个属性，初始可控制在 10 个产品左右。

(3)完成产品信息的填写后，将其存为 CSV 文件。若使用的是 Excel 表格，点击"另存为"，然后选择"逗号分隔值(.csv)"作为存储格式。

(4)在商户后台登录账号，在最上方的菜单栏里点击"产品"选项，在弹出的下拉菜单中选择"添加新产品"，继续在弹出的下一级菜单中选择"产品 CSV 文件"，将跳转至 http://merchant.wish.com/feed-upload，选择 CSV 文件然后点击上传，如图 2-42 所示。

图 2-42　上传 CSV 文件

(5)如前所述上传的表格首行仅为产品属性名称，现在可将上传的属性名称与系统属性名称进行匹配，我们称之为"映射"。可在页面左侧进行属性映射，而在页面右侧将看到正在上传的产品信息的预览。完成映射后，点击"继续"。在完成所有所需字段的映射后，该按钮将由蓝变灰从而可被点击。

(6)产品完成上传时将收到一条即时确认信息，产品导入会在 24 小时内完成。

(7)为检查产品导入状态，可点击"查看导入状态页"按钮，然后选择"查阅报告"检查产品上传状态，如图 2-43 所示。

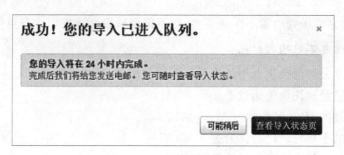

图 2-43　查看导入状态页

第三节　Wish 平台政策

Wish 平台日益火爆,平台潜力较大,门槛也比较低,愈来愈受到白手起家创业者的青睐。但在 Wish 开店之前,必须要全面了解 Wish 平台政策[①]。本节将从卖家需要掌握的平台规则的角度,从平台注册、产品列表、产品促销、知识产权、履行订单、用户服务、退款政策、账户暂停、付款政策、WishExpress 政策的影响等方面深入解析 Wish 平台政策。如果商户遵守平台规则,就不会受到平台的罚款或违规惩罚。

不违反 Wish 政策的前提如下。

第一,商户应始终向 Wish 提供真实准确的信息。商户录入到 Wish 平台的信息应真实准确,这包括但不限于图像、库存和价格。产品图片应该准确描述正在出售的产品。产品描述不应包括与产品图片不符的内容。

第二,商户应确保尽快向用户交付订单。用户总是期望尽快收到订购的产品/服务,商户应当确保尽快向客户交付订单。完成方式包括迅速履行订单,使用可靠、有效的配送方法等。

一、注册政策

(一)开店注册的规定

1.注册期间提供的信息必须真实准确

如果注册期间提供的账户信息不准确,账户可能会被暂停。

2.每个实体只能有一个账户

如果公司或个人有多个账户,则多个账户都有可能被暂停。

3.新注册店铺

Wish 注册
政策

Wish 新店铺
预激注册费详情

自 2018 年 10 月 1 日 0 时起(世界标准时间),新注册的店铺或需缴纳 2000 美元的店铺预缴注册费。这项政策将适用于在 2018 年 10 月 1 日 0 时(世界标准时间)之后收到审核回复的所有商户账户。自 2018 年 10 月 1 日 0 时(世界标准时间)开始,长时间未使用的商户账户也或需缴纳 2000 美元的店铺预缴注册费。但是值得关注的是,从 2019 年 7

---

①　Wish 官网.政策概览[EB/OL].[2014-12-08].https://merchant.wish.com/policy/home.

月以来,Wish 卖家注册费政策不断在调整,会不定期阶段性地推出注册免注册费政策。

(二)注册信息不准确的情况

(1)填写的办公地址被别人用过或者不够详细准确,写得太随意。

(2)身份证已经被注册使用过了。

(3)用使用过的 IP 地址注册过 Wish 店铺。

(4)所填写的手机号码已经注册过 Wish 店铺。

(5)所使用的银行卡账号已经注册过 Wish 店铺。

(三)针对信息不准确和账号被关闭需要采取的措施

(1)办公地址按要求填写,要详细到能在谷歌地图上搜到。

(2)身份证被注册使用过了,需要更换身份证注册,也可能是因为照片不清晰。需要突出本人手持身份证照片的重点信息。

(3)以前注册账号时用过的 IP 地址、电脑就不能用了,需要更换 IP 地址和电脑。

(4)如果注册公司账号时发现手机号码被注册过,可联系 Wish 客户经理解决,如果个人手机并未注册账号就要向 Wish 申诉了。

(5)银行卡被注册过,需要更换银行卡,然后重新注册。

二、产品相关政策

与产品相关的政策包含禁售品知识、产品列表政策、产品促销政策和知识产权政策。

(一)禁售品知识

什么是仿品?

Wish 产品
相关政策

常见的仿品
类型有哪些?

在了解产品列表政策之前,先了解产品禁售相关知识。不同的国家(地区)有不同的规则,除遵守各国(地区)的法律法规和具体国情外,卖家店铺还应该遵守 Wish 的政策和规则,包括遵守禁售品的规定。有些品类的产品尽管可以合法销售,但在 Wish 上却是禁售品。因此,不符合 Wish 的销售标准,和 Wish 的理念背道而驰的产品就是 Wish 禁售品。

Wish 禁售的产品有:仿品,非版权所有产品(版权属于其他人),服务性产品(不能以全新的、有形的、实体的物品形式出现的任何服务),虚拟产品和数码产品(即无形的产品或须以电子形式传输的产品),有形或电子的礼品卡,酒精类产品,烟草及其他点燃抽吸的产品(包括电子烟),打火机,危险化学品,穿刺枪及文身枪,自行车及摩托车头盔,毒品,药品,声称有医疗作用的产品,活体动物,非法动物制品,植物种子,人体残骸及人类肢体(不包括毛发和牙齿),情色或成人/性/裸露/淫秽物品,火器及武器,儿童汽车座椅,儿童牵引带,召回的玩具,裸露产品,隐形眼镜,仇恨犯罪及任何鼓动、支持、美化对某一类型人群(基于人种、民族、性别、性别认同、残疾或性取向)的仇恨或造成对某一类型人群的贬低的产品,包括支持持有此类观点的机构的产品或内容。

注意事项

· 儿童不宜的产品不适合在 Wish 销售。Wish 官方保留移除不合适产品的权利。此类不合适的产品将从网站中被移除,且该商户的店铺可能会面临暂停运营或永久关闭的处罚。

(二)产品列表政策

产品列表符合平台政策,才能上传、出售,否则产品会被清除、下架,账户将面临罚款,严重的将导致账户被暂停。

1.产品上传期间提供的信息必须准确

如果对所列产品提供的信息不准确,该产品可能会被移除,且相应的账户可能面临罚款或被暂停。

产品审核政策

2.Wish 严禁销售伪造产品

严禁在 Wish 上列出伪造产品。如果商户推出伪造产品进行出售,这些产品将被清除,并且其账户将面临罚款,可能还会被暂停。

3.产品不得侵犯他人的知识产权

产品不得侵犯他人的知识产权。这包括但不限于版权、商标和专利。商户有责任确保其产品没有侵犯他人的知识产权,并且在刊登产品前积极进行知识产权检查。如果商户反复刊登侵犯他人知识产权的产品,那么相关侵权产品将会被系统移除,商户账号也将面临至少 10 美元的罚款和/或被暂停交易的风险。

如果商家继续反复侵犯他人的知识产权,那么该账号将面临更高的罚款、被暂停交易和/或被终止交易的风险。

4.产品不得引导用户离开 Wish

如果商户列出的产品鼓励用户离开 Wish 或联系 Wish 平台以外的店铺,产品将被移除,其账户将被暂停。

5.严禁列出重复的产品

严禁列出多个相同的产品。相同尺寸的产品必须列为一款产品。不得上传重复的产品。如果商户上传重复的产品,产品将被移除,且其账户将被暂停。

6.将原来的产品修改成一个新的产品是禁止的

如果商户将原始产品修改成了一个新的产品,那么这个产品将被移除,账号将被处以 100 美元罚款并将面临被暂停交易的风险。

7.销售禁售品将被罚款

产品应该清晰、准确并符合 Wish 政策。Wish 不允许销售禁售品。如果发现某产品不符合 Wish 禁售品政策,则销售该产品的商户将被处以 10 美元罚款且该产品将被系统下架。当然,商户可就这些罚款进行申诉。

8.产品列表中不允许存在差异过大的产品

如果产品列表中存在差异过大的产品,那么该产品可能会被移除,而且店铺会有被暂停交易的风险。

产品类型差异过大是指:根本不同的产品、描述完全不同的产品、无法用单一产品名称描述的产品、一产品为另一产品的配件、难以想象会一起销售的产品。

下面举几个违反产品差异政策的案例。

【例 2-2】 一根手机充电线和一个移动电源。

【例 2-3】 一个带有提手的电脑包和一个没有提手的电脑包。

【例 2-4】 具有相同味道的沐浴露、洗发露、香粉(不同的 SKU)。

【例 2-5】 来自同一个制造商的短袖 T 恤、长袖 T 恤。

【例 2-6】 使用同一个图案的西餐用大盘、沙拉盘、汤碗(不同的 SKU)。

【例 2-7】 适用于不同手机型号和/或来自不同制造商的手机套。

符合产品差异政策的变体主要是指同款产品的不同型号,比如不同颜色、不同尺寸等等,每个尺寸、颜色都将被称为一个变体。以下是不违反产品差异政策的案例。

【例 2-8】 产自同一个制造商的,图案相同的棉质短袖 T 恤,仅尺码不同。

【例 2-9】 产自同一个制造商的,具有相同设计、功能、材质的玩具,仅颜色不同。

【例 2-10】 产自同一个制造商的,具有相同材质、型号、线程数的床品套件,仅尺码、颜色不同。

【例 2-11】 具有不同色号的口红。

【例 2-12】 适用于相同型号手机的手机套,仅颜色不同。

9.严厉禁止同一产品列表中的极端价格差异

同一产品列表中,最高变体价格必须低于最低变体价格的 4 倍。不遵循价格差异政策的产品将会被移除,并且账户有被暂停交易的风险。

以下是违反价格变体政策的案例。

【例 2-13】 产品 A 有三个变体:SKU A1、SKU A2、SKU A3。SKU A1 的价格是 4 美元、SKU A2 的价格是 4.5 美元、SKU A3 的价格是 20 美元。最低变体价格为 4 美元,因此最高变体价格要低于 16 美元。而产品 A 的最高变体价格是 20 美元,高于允许的最高变体价格。那么产品 A 违反了价格差异政策,将会被移除。

【例 2-14】 产品 B 有三个变体:SKU B1、SKU B2、SKU B3。SKU B1 的价格是 25 美元,SKU B2 的价格是 28 美元,SKU B3 的价格是 110 美元,最低变体价格为 25 美元,因此最高变体价格要低于 100 美元。产品 B 的最高变体价格是 110 美元,高于允许的最高变体价格。那么产品 B 违反了价格差异政策,将会被移除。

【例 2-15】 产品 C 有三个变体:SKU C1、SKU C2、SKU C3。SKU C1 的价格是 15 美元,SKU C2 的价格是 16 美元,SKU C3 的价格是 15.5 美元,那么产品 C 符合价格差异政策,其将会继续销售。

10.存在误导性的产品将被处以罚款

若产品被检测到存在误导性,对于该产品被判定为误导性产品之日的过往 30 天内生成的订单,商户将面临每个订单 200 美元的罚款,商户此后或将承担该产品订单 100% 的退款责任。

【例2-16】 如果该产品被判定为误导性产品之日"过往30天内的订单"生成于2018年5月2日23时59分(太平洋标准时间)之前,则处理规则如下。

(1)2018年4月18日0时(太平洋标准时间)至2018年5月2日23时59分(太平洋标准时间)期间产生的订单,其订单金额将100%被罚没。

(2)2018年4月18日0时(太平洋标准时间)之前生成的订单不会被罚款。

每个误导性产品的最低罚款金额为100美元,此规则到2018年4月之前适用。

当然,商户可以对这些罚款进行申诉。如果卖家认为有正当理由,可以联系客户经理或通过 merchant_support@wish.com 联系客户服务。

误导性产品政策

11.同一产品列表内禁止出现极端价格上涨

商户在四个月内可将产品价格和/或运费提高1美元或最高20%,以数值较高者为准。对于指定产品,该价格限制政策对产品价格和运费单独适用。请注意,促销产品不允许涨价。

产品价格限制政策

12.操控评论和评级政策

Wish严禁任何操控用户评论的行为,并明确禁止有偿评论行为。一旦发现存在评论和/或评级受操控的订单,商户将被处以每个订单10美元的罚款。

(三)产品促销政策

Wish随时可能促销某款产品。如果产品的定价、库存或详情不准确,商户将有可能违反以下政策。

禁止操控用户评论和评级政策

1.不得对促销产品提高价格和运费

不得在促销活动前或促销活动中先提高价格或运费,再进行打折或促销。

2.促销产品不得在可接受范围之外降低库存数量

促销产品不得在可接受范围之外降低库存数量。商户可于每14天内,在至多50%或5个库存的范围内(取数额较大者),减少促销产品的库存数量。库存数量更改适用于各层级仓库。

3.店铺如若禁售促销产品,将面临罚款(罚款金额持续调整中)

如果店铺禁售过去9天交易总额超过500美元的促销产品,店铺将被罚款1美元。

如果店铺为一促销产品单独屏蔽某配送国家(地区),所屏蔽国家(地区)在过去9天内的销售额超过100美元,则店铺将被罚款1美元。

4.不得对促销产品进行编辑

不得在促销期间对促销产品进行重新编辑。

5.禁止为促销产品添加新的变体

严禁对促销产品添加新的尺码/颜色变体。

Wish平台禁售商品

（四）知识产权政策

1.伪造品或仿品

Wish 尊重并保护第三方知识产权。在 Wish 上销售伪造品牌产品是严令禁止的。卖家有义务确保销售的产品未侵犯任何第三方的合法权利。

2.被视作"伪造品"的产品

第一,直接复制或模仿暗指某一知识产权产品。

第二,产品命名与知识产权所有者的命名相同或基本无法区分。

第三,产品图片中包含名人或知名模特照片。

产品禁售理
由与示例

第四,举例如下。在知识产权拥有者不知情及未授权情况下的销售是严令禁止的。

（1）直接模仿或复制某一品牌商标或含有某种商标的产品,如图 2-44 所示。

图 2-44　模仿某品牌商标的产品

若产品信息中出现非自身产品的商标或品牌名,如 D&G、Tommy Hilfiger 或 Oakley,那么此产品将被视作伪造品。

（2）使用与某品牌相似商标的产品

使用与品牌相似但不完全相同的商标的产品,将被视作故意误导用户认为购买的是品牌产品,如图 2-45 所示。

图 2-45　使用与某品牌相似商标的产品

（3）修改遮盖品牌或某商标的产品

明显的涂抹痕迹或用画笔遮盖以隐藏品牌商标的产品将被被视作伪造品。若产品图片背景中出现品牌商标,也会被视作伪造品(不论是否遮盖)。

（4）模仿品牌设计和图案的产品

有些品牌用细微标志便于他人辨别。例如,为独特的红色鞋底高跟鞋注册商标,Levi's 为他们的针脚设计及口袋旁的红色标签注册商标。还有 Burberry 的格纹设计图案也是商标。模仿品牌设计的产品将被视作伪造品。

（5）出现名人或知名模特的产品

使用知名模特或人物照片进行宣传的产品将被视作伪造品。许多此类产品都是由名人身着的服装仿造的。

（6）图片中展示品牌名称的产品

将产品与带品牌信息的包装盒或衣架等一同拍摄并作为图片的产品会误导用户，这些产品将被视作伪造品。

（7）图片模糊或图片中遮挡人物面部的产品

Wish严令禁止商户未经允许使用任何网站或博客等渠道上的图片。

除非提供合法的销售授权，否则系统会将含品牌的产品视作伪造品。

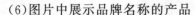

3.知识产权政策

Wish对销售伪造品和侵犯知识产权的行为制定了严格的零容忍政策。

如果Wish单方面认定商户在销售伪造产品，商户同意不限制Wish在本协议中的权利或法律权利，Wish可以单方面暂停或终止商户的销售权限，或者扣留或罚没本应支付给商户的款项。

（1）严禁出售伪造产品

严禁销售模仿或影射其他方知识产权的产品。如果商户出售伪造产品，则这些产品将被清除，并且其账户将面临罚款，可能还会被暂停。

（2）严禁销售侵犯另一个实体的知识产权的产品

产品图像和文本不得侵犯其他方的知识产权。这包括但不限于版权、商标和专利。如果商户上架侵犯其他方知识产权的产品，这些商品将被清除，并且其账户将面临罚款的处罚，可能还会被暂停。

（3）商户有责任提供产品的销售授权证据

为证明产品不是伪造的或并未侵犯其他方的知识产权，商户有责任提供销售产品的授权证据。

（4）严禁提供不准确或误导性的销售授权证据

如果商户对销售的产品提供错误或误导性的授权证据，其账户将被暂停。

（5）对伪造品或侵犯知识产权的产品处以罚款

Wish会审核所有产品是否属于伪造品，是否侵犯了知识产权。如果发现某款产品违反了Wish的政策，则Wish会将其删除并扣留所有付款。商户将会被处以每个仿品10美元的罚款。

（6）对已审核产品处以伪造品罚款

在商户更改产品名称、产品描述或产品图片后，已通过审核的产品需要再次接受审核，看其是否为伪造品或是否侵犯了知识产权。在产品复审期间，产品可正常销售；如果产品在编辑后被发现违反了Wish的政策，此产品将会被删除，且其所有款项将被扣留。该账户将可能面临罚款和/或被暂停交易的风险。

三、履行订单

准确迅速地履行订单是商户的首要任务，这样才能收到销售款项。

（一）相关概念

1.妥投率

由物流服务商配送并确认妥投的订单百分比。

Wish 激励计划

2.有效跟踪率

物流服务商确认发货的订单百分比。

3.预履行取消率

由商户无法履行订单导致退款的订单百分比。

Wish 认可的可确认妥投的物流服务商

📍 注意事项

· 部分 WishPost 渠道享受确认妥投指标免责，平台为物流服务商遵守确认妥投政策制定了相关激励政策。

· 能够提供"最后一千米"物流跟踪信息，且被确认妥投政策认可的物流服务商列表。

（二）确认妥投政策、要求与示例

确认妥投政策对配送至表 2-6 所示的国家、订单总价（价格＋运费）大于或等于对应国阈值的订单生效。

满足上述条件的订单必须满足以下要求：订单必须在 7 天内履行且带有有效的跟踪信息；订单必须使用平台认可的，且能提供最后一千米物流跟踪信息的物流服务商进行配送。

表 2-6　确认妥投政策订单生效条件

国家	价格＋运费的阈值
阿根廷、加拿大、智利、哥伦比亚、哥斯达黎加、丹麦、法国、德国、墨西哥、沙特阿拉伯、西班牙、英国、美国	≥10 美元
意大利	≥7 美元
俄罗斯	≥3 美元

订单须在可履行的 30 天内由确认妥投政策认可的物流服务商确认妥投。

没有达到要求的商户将面临被暂停交易的风险。

1.可接受的妥投率案例

【例 2-17】　商户 A 收到 20 个目的地为德国的订单，每个订单的总价（价格＋运费）是 15 美元。这些订单符合确认妥投政策的标准。商户将这 20 个订单发往德国。自订单生成 2 周后，这 20 个订单全部由物流服务商确认妥投。商户的妥投率是 100%。商户符合要求，将不会受到惩罚。

【例 2-18】　商户 A 收到 20 个目的地为美国的订单，每个订单的总价（价格＋运费）是 10 美元。这些订单符合确认妥投政策的标准。商户向美国配送了 19 个带有有效物流跟踪单号的订单，这 19 个订单在 30 天内由物流服务商确认妥投。商户的妥投率是 95%。商户符合要求，将不会受到惩罚。

【例2-19】 商户P收到34个目的地为加拿大的订单。这些订单符合确认妥投政策的标准。商户向加拿大配送了33个带有有效物流跟踪单号的订单,这33个订单全部由物流服务商在30天内确认妥投。商户的妥投率是97%。商户符合要求,将不会受到惩罚。

【例2-20】 商户X收到20个目的地为哥斯达黎加的订单,每个订单的总价(价格＋运费)是10美元。这些订单符合确认妥投政策的标准。商户发往哥斯达黎加的20个订单中有19个订单带有有效物流跟踪号码,这19个订单在30天内由物流服务商确认妥投。商户的妥投率是95%。商户符合要求,将不会受到惩罚。

【例2-21】 商户Y收到50个目的地为俄罗斯的订单。这些订单符合确认妥投政策的标准。商户向俄罗斯配送了48个全部带有有效物流跟踪号码的订单,这48个订单在30天内由物流服务商确认妥投。商户确认的妥投率是96%。商户符合要求,将不会受到惩罚。

2.不可接受的妥投率案例

【例2-22】 商户C收到10个目的地为法国的订单,每个订单的总价(价格＋运费)是20美元。这些订单符合确认妥投政策的标准。商户向法国配送了10个带有有效物流跟踪单号的订单,无订单由物流服务商在30天内确认妥投。商户的妥投率是0。商户有被Wish暂停交易的风险。

【例2-23】 商户D收到25个目的地为英国的订单,每个订单的总价(价格＋运费)是10美元。这些订单符合确认妥投政策的标准。商户向英国配送了25个全部带有有效物流跟踪号码的订单。自订单生成45天后,25个订单全部由物流服务商确认妥投。商户的妥投率为0,因为所有订单必须在30天内确认妥投。商户有被Wish暂停交易的风险。

【例2-24】 商户E收到100个目的地为美国的订单,每个订单的总价(价格＋运费)是37美元。这些订单符合确认妥投政策的标准。商户向美国配送了100个全部带有有效物流跟踪号码的订单,只有10个订单由物流服务商在30天内确认妥投。商户的妥投率是10%。商户有被Wish暂停交易的风险。

【例2-25】 商户F收到100个目的地为英国的订单,每个订单的总价(价格＋运费)是10美元。该商户也收到另外20个目的国为英国的订单,每个订单的总价(价格＋运费)是8美元。这100个订单,每个订单的总价(价格＋运费)是10美元,符合确认妥投政策的标准。商户向英国配送了120个带有有效物流跟踪单号的订单。8美元的20个订单全部由物流服务商在30天内确认妥投,只有10个10美元的订单由物流服务商在30天内确认发货。商户针对10美元订单的妥投率是10%。商户有被Wish暂停交易的风险。

【例2-26】 商户G收到25个目的地是意大利的订单,每个订单的总价(价格＋运费)为7美元。这些订单符合确认妥投政策的标准。商户向意大利配送了25个带有有效物流跟踪单号的订单,自订单生成起50天后,所有25个订单由物流服务商确认妥投。该商户的妥投率为0,因为所有订单必须在30天内确认妥投。商户有被Wish暂停交易的风险。

【例2-27】 商户H收到100个目的地为俄罗斯的订单,每个订单的总价(价格＋运费)是3美元。这些订单符合确认妥投政策的标准。商户向俄罗斯配送了100个带有有效物流跟踪单号的订单,只有10个订单由物流服务商在30天内确认妥投。商户的妥投率是10%。商户有被Wish暂停交易的风险。

【例2-28】 商户I收到100个目的地为西班牙的订单,每个订单的总价(价格+运费)是10美元。该商户也收到另外20个目的国为西班牙的订单,每个订单的总价(价格+运费)是7美元。这100个订单,每个订单的总价(价格+运费)是10美元,符合确认妥投政策的标准。商户向西班牙配送了120个全部带有有效物流跟踪号码的订单,20个7美元的订单在30天内全部由物流服务商确认妥投,只有10个10美元的订单由物流服务商在30天内确认发货。商户针对10美元订单的妥投率是10%。商户有被Wish暂停交易的风险。

3.可接受的有效跟踪率案例

【例2-29】 商户G收到10个目的地为德国的订单,每个订单的总价(价格+运费)为25美元。这些订单符合确认妥投政策的标准。商户在2天内将10个订单发往德国。发货3天后,商户收到全部10个订单的第一条扫描信息。这样,在订单生成5天内,它们均由物流服务商确认发货。商户的有效跟踪率是100%。商户符合要求,将不会受到惩罚。

【例2-30】 商户Q收到15个目的地为加拿大的订单。这些订单符合确认妥投政策的标准。商户在1天内向加拿大配送了15个订单。发货3天后,商户收到全部15个订单的第一条扫描信息。这样,在订单生成5天内,它们均由物流服务商确认发货。商户的有效跟踪率是100%。商户符合要求,将不会受到惩罚。

4.不可接受的有效跟踪率案例

【例2-31】 商户H收到15个目的地为法国的订单,每个订单的总价(价格+运费)是25美元。这些订单符合确认妥投政策的标准。商户在1天内向法国配送了15个订单。自订单生成2周后,全部15个订单由物流服务商确认妥投。商户的有效跟踪率是0。商户有被Wish暂停交易的风险。

延迟发货罚款政策

【例2-32】 商户J收到20个目的地为法国的订单,每个订单的总价(价格+运费)是15美元。这些订单符合确认妥投政策的标准。商户在2天内向法国配送了10个订单。从下单开始计算,只有2个订单由物流服务商在7天内确认发货。商户的有效跟踪率是10%。该商户未在7天内履行这10个订单,所以有被Wish暂停交易的风险。

【例2-33】 商户K收到10个目的地为德国的订单,每个订单的总价(价格+运费)是12美元。这些订单符合确认妥投政策的标准。在订单生成8天后,商户向德国配送了10个订单。从下单开始计算,10个订单全部由物流服务商在21天内确认发货。商户的有效跟踪率是0。商户未在7天内履行订单,将有被Wish暂停交易的风险。

5.可接受的预履行取消率案例

【例2-34】 商户L收到10个目的地为法国的订单,每个订单的总价(价格+运费)是15美元。这些订单符合确认妥投政策的标准。用户要求取消所有订单。商户的预履行取消率为0。商户符合要求,将不会受到惩罚。

6.不可接受的预履行取消率案例

【**例 2-35**】 商户 M 收到 200 个目的地为英国的订单,每个订单的总价(价格＋运费)是 30 美元。这些订单符合确认妥投政策的标准。商户没有足够的存货,取消了其中的 180 个订单。商户的预履行取消率为 90％。商户有被 Wish 暂停交易的风险。

【**例 2-36**】 商户 N 收到 10 个目的地为法国的订单,每个订单的总价(价格＋运费)是 11 美元。这些订单符合确认妥投政策的标准。商户无法履行这其中的 9 个订单,并需要退款给用户。商户的预履行取消率为 90％。商户有被 Wish 暂停交易的风险。

【**例 2-37**】 商户 R 收到 50 个目的地为加拿大的订单。这些订单符合确认妥投政策的标准。商户无法履行其中的 48 个订单,并退款给用户。该商户的预履行取消率为 96％。商户有被 Wish 暂停交易的风险。

（三）履行订单政策

1.所有订单必须在 5 天内履行完成

若订单未在 5 天内履行,该订单将被退款并且相关的产品将被下架。

世界标准时间 2018 年 8 月 15 日 00:00 起,此类被退款的订单,每单将被罚款 50 美元。

订单履行政策

2.如果商户 5 天内未履行完成的订单数量非常高,其账户将被暂停

自动退款率是指由于 5 天内未履行完成而自动退款的订单数量与收到订单总数之比。如果此比率非常高,其账户将被暂停。

3.如果商户的履行率非常低,其账户将被暂停

履行率是履行订单数量与收到订单数量之比。如果此比率太低,其账户将被暂停。

4.选择物流服务商

选择确认妥投政策的订单使用平台认可的,且能提供"最后一千米"物流跟踪信息的物流服务商进行配送。

配送时间过度延迟的订单商户需承担退款责任

5.自生成起 168 小时(7 天)内该订单未由物流服务商确认发货,则商户将被处以罚款

如果订单自生成起 168 小时(7 天)内未由物流服务商确认发货,则商户将被处以订单金额 20％ 或 1 美元的罚款(以金额较高者为准)。订单金额公式为

$$订单金额＝订单数量×(产品售价＋产品运费)$$

注意事项

- 此罚款政策将仅对"产品售价＋产品运费"小于 100 美元的订单生效。
- 如果订单在生成后的 X 天内由物流服务商确认妥投,那么该订单的延时发货罚款将会被撤销。
- 商户可以通过"物流跟踪申诉"工具进行罚款申诉。
- 若使用虚假物流单号履行订单,商户将面临订单金额加上 100 美元的罚款。

6.使用虚假物流单号履行订单将面临罚款

若使用虚假物流单号履行订单,则商户可能会被罚款。

在 2019 年 1 月 15 日 0 时(世界标准时间)之前标记为已发货或修改物流单号的违规订单,罚款将为订单金额加上 100 美元。在 2019 年 1 月 15 日 0 时(世界标准时间)之后标记已发货或修改物流单号的违规订单,罚款金额将是订单金额加上 500 美元。

罚款可于生成之日起 90 天进行申诉和审批。但如果罚款未在 90 天内获批,其将不可再撤回。以上政策自 2018 年 11 月 12 日(世界标准时间)起生效。

7.欺骗性履行订单政策

以欺骗消费者为目的履行订单会造成商户浏览量减少和每次 10 美元的罚款。

8.中国大陆直发订单

自太平洋标准时间 2018 年 10 月 22 日 17 时起,Wish 邮将成为中国大陆直发订单唯一可接受的物流服务商。除了已经完成 Wish 邮线下转线上流程的物流服务商,其他所有中国大陆直发的物流服务商均不被接受。非中国大陆直发订单将不受影响。

违反配送政策的店铺将面临罚款、处罚、货款暂扣和/或账户被暂停的风险。

在 2018 年 10 月 22 日 17 时(太平洋标准时间)至 2019 年 1 月 15 日 0 时(世界标准时间)期间,凡从中国大陆发出,并由非 Wish 邮的物流服务商履行的订单,每个订单将被罚以 10 美元的罚款。2019 年 1 月 15 日 0 时(世界标准时间)后,每个违规订单将被罚以 100 美元的罚款。

9.取消订单罚款政策

取消订单罚款政策适用于 2018 年 10 月 17 日 17 时(太平洋标准时间)以后释放至商户后台的订单。

如果订单在确认履行前被取消或被退款,则商户将被处以每个违规订单 2 美元的罚款。

📍 **注意事项**

· 从 2018 年 10 月 31 日 17 时(太平洋标准时间)开始,商户可在取消订单的罚款生成后的 3 个工作日内对其进行申诉。

四、用户服务

(一)用户服务政策

1.如果店铺退款率过高,该账号将被暂停交易。

退款率是指在一段时间内,退款订单数除以总订单数的比例。如果这个比率极高,那么店铺将被暂停。退款率低于 5% 是正常的。

2.如果店铺的退单率非常高,其账户将被暂停

退单率是指某个时段内退单的订单数量与收到的订单总数之比。如果此比率特别高,店铺将被暂停交易。低于 0.5% 的退单率是正常的。

3.严禁滥用用户信息

严禁对 Wish 用户施予辱骂性行为和语言,Wish 对此行为采取零容忍态度。

4.严禁要求用户绕过 Wish 付款

如果商户要求用户在 Wish 以外的平台付款,其账户将被暂停。

5.禁止引导用户离开 Wish

如果商户指引用户离开 Wish,其账户将会被暂停。

6.严禁要求用户提供个人信息

如果商户要求用户提供付款信息、电子邮箱等个人信息,其账户将被暂停。

7.客户问题将由 Wish 来处理

Wish 是首先处理客户问题的联系方。

五、收付款与账户政策

(一)两层级的高退款率产品政策

客户满意度的一项重要指标就是产品的退款率。"极高退款率产品"有着较差的产品质量及不佳的用户体验。我们将退款率定义为在某一段时期内退款订单除以总订单数的比例。

1.产品退款率的测量标准

每周,每个产品的退款表现将受到三个时间段的评估:自评估日起,过去的 0~30 天、过去的 63~93 天和过去的 0~120 天。

2.产品退款率两级政策

极高退款率的产品会被下架且商户承担所有退款责任。高退款率产品仍可销售但商户需对此产品的所有退款 100% 负责。商户可自行决定是否将产品下架。需注意的是,订单基数很少时,店铺不会受到此政策影响。

3.如何重新评估高退款率产品

高退款率产品的重新评估是周期性的。如果某产品的高退款率有所改善,商户将不再为该产品产生的退款承担 100% 的责任。但商户仍需遵循 Wish 退款政策承担相应退款责任。极高退款率产品不会被重新评估且将被 Wish 永久移除。

产品须产生足够的订单才会被重新评估。

4.举例

【例 2-38】 产品 A 在 63~93 天时间段内有 2 个订单且退款率为 40%,那么产品 A 不是一个极高退款率产品或高退款率产品,因为该产品订单基数很小,所以不受此政策影响。

高退款率产品的分类政策

【例 2-39】 产品 B 有 60 个订单且退款率达到 40%,那么产品 B 属于"极高退款率产品"且会直接从系统中被移除。

【例 2-40】 产品 C 有 60 个订单且退款率达到 28%,那么产品 C 属于"高退款率产品"。若稍后产品 C 被重新评估,结果显示为 20 个订单且退款率达到 15%,那么产品 C

依旧属于"高退款率产品",商户仍需要承担所有的退款。

【例2-41】 产品D有70个订单且退款率达到24%,那么产品D属于"高退款率产品"。若稍后产品D被重新评估,结果显示为60个订单且退款率达到15%,那么产品D就不再属于"高退款率产品"且只需遵循平台的正常退款政策。

【例2-42】 产品E有70个订单且退款率达到24%,那么产品E属于"高退款率产品"。若稍后产品E被重新评估,结果显示为60个订单且退款率达到35%,那么产品E就会成为"极高退款率产品",同时该产品会从平台中被永久性移除。

(二)两层级的低评价政策

低评价产品给Wish的用户造成了极差的消费体验。3星及3星以上的评价是可以接受的;一个拥有平均4星以上评价的产品会被认为是好的产品;最好的产品标准是拥有接近于5星的平均评价。

1.低评价产品政策

两级低评分
产品政策

如果一个产品获得较低的平均评价,那么在重新获得评估之前,商户将会对这个产品的退款承担100%的责任。如果这个产品被重新评估后,评价有所改善,那么该产品将不受此政策影响。

如果一件产品获得极低的平均评价,那么它将自动从Wish中被移除,同时商户将因此承担100%的退款责任。这件产品将不会被再次评估。

产品评估以周为单位。每周每个店铺将收到一份受此政策影响的产品汇总表。如果一件产品的评价较低,商户应该及时进行优化或者下架该产品。

2.举例

【例2-43】

从5月1日到5月7日,产品A有20个评价且平均评价为1.9。

从5月7日到5月14日,产品A有12笔退款,这12笔退款由商户承担。

【例2-44】

从5月1日到5月7日,产品B有25个评价且平均评价为4.5。

从5月7日到5月14日,产品B有10笔退款,这些退款责任适用于常规的Wish政策。

【例2-45】

从6月1日到6月7日,产品C有20个评价且平均评价为1.65。

从6月7日到6月14日,产品C有12笔退款,这12笔退款由商户承担。

从6月7日到6月14日,产品C有15个评价且平均评价为2.21。

从6月14日到6月21日,产品C有20笔退款,这20笔退款都由商户承担。

从6月14日到6月21日,产品C有10个评价且平均评价为3.12。

从6月21日到6月28日,产品C的退款责任将依照常规的Wish政策划分。

【例2-46】

从6月1日到6月7日,产品D有10个评价,平均评分1.65。

从6月7日到6月14日,产品D有12笔退款,那么该12笔退款的责任都由商户承担。

从 6 月 7 日到 6 月 14 日,产品 D 有 25 个评价,平均分 1.5。

从 6 月 14 日到 6 月 21 日,产品 D 有 20 笔退款,那么该 20 笔退款的责任都由商户承担。

从 6 月 14 日到 6 月 21 日,产品 D 有 10 个评价,平均分 1.25。

产品 D 现已被自动移除。

【例 2-47】

从 6 月 1 日到 6 月 7 日,产品 E 有 10 个评价,平均评分 4.5。

从 6 月 7 日到 6 月 14 日,产品 E 的退款责任适用于常规的 Wish 政策。

从 6 月 7 日到 6 月 14 日,产品 E 有 25 个评价,平均评分 3.0。

从 6 月 14 日到 6 月 21 日,产品 E 的退款责任适用于常规的 Wish 政策。

从 6 月 14 日到 6 月 21 日,产品 E 有 10 个评价,平均分 1.75。

从 6 月 21 日到 6 月 28 日,产品 E 有 20 笔退款,商户将承担所有的 20 笔退款。

(三)退款政策

1.退款发生在确认履行前的订单不符合付款条件

如果订单在确认发货前被退款,则此订单不符合付款条件。退款产生前已确认发货的订单方符合付款政策。允许商户对这些退款进行申诉。

两级退款率政策

2.商户退款的所有订单都不符合付款条件

如果商户向某个订单退款,商户将不能获得该笔订单的款项。不允许商户对这些退款进行申诉。

3.对于缺乏有效或准确跟踪信息的订单,商户承担全部退款责任

如果订单的跟踪信息无效、不准确或缺少此类信息,商户必须承担该订单的全部退款成本。

如果瑞典路向的订单产生了退款,商户无法对此进行申诉。

瑞典路向订单可以选择哪些物流服务商?

否则,商户需要提供订单物流追踪信息对这些退款进行申诉。

4.对于经确认属于延迟履行的订单,由商户承担全部退款

如果确认履行日为购买后 5 天以上,商户应对该订单退款负 100% 责任。

5.对于配送时间过度延迟的订单,商户承担全部退款责任

若在下单的 X 天后订单仍未确认妥投,因此而产生的退款,商户承担 100% 的退款费用。允许商户对这些退款进行申诉。

为什么要为订单提供物流追踪信息?

6.商户负责承担由于尺寸问题而产生的全部退款成本

如果用户由于尺寸问题而要求退款,由商户承担全部退款成本。允许商户对这些退款进行申诉。

7.对于商户参与诈骗活动的订单,由商户承担全部退款成本

如果商户实施诈骗活动或规避收入份额,则承担诈骗订单的全部退款成本。允许商户对这些退款进行申诉。

如何判定
退款责任?

8.商户负责承担由于商品送达时损坏而产生的全部退款成本

如果由于商品送达时损坏而产生退款,商户承担全部退款成本。允许商户对这些退款进行申诉。

9.商户负责承担由于商品与商品介绍不符而产生的全部退款成本

如果由于商品与商品介绍不符而产生退款,商户承担全部退款成本。

注意事项

• 产品图片应该准确描述正在出售的产品。产品图片和产品描述的不一致会导致以商品与清单不符为由的退款。允许商户对这些退款进行申诉。

10.如果账户被暂停,由店铺承担全部退款

如果在商户账户暂停期间发生退款,由商户承担全部退款成本。不允许商户对这些退款进行申诉。

11.对于退款率极高的产品,其在任何情况下产生的退款都将由商户承担全部退款责任

商户的每个具有极高退货率的产品都将会收到一条违规警告,在该产品的所有订单中,产生的任何退款将由商户承担全部责任。此外,退款会从上次付款中扣除。退款率是指某个时段内退款订单数与总订单总数之比。低于5%的退款率是可接受的。根据具体的退款率的高低,该产品可能会被 Wish 移除。未被 Wish 移除的高退款率产品将会被定期重新评估。若该产品保持低退款率,那么商户将不再因此政策而承担该产品的全部退款责任。不允许商户对这些退款进行申诉。

12.对于被判定为仿品的产品,商户将承担全部退款责任

Wish平台禁止销售仿冒品。侵犯知识产权的产品将被直接移除,商户也将100%承担相关退款。允许商户对判定为违规的仿品的退款进行申诉。

13.商户将因配送至错误地址而承担100%退款责任

如果因商品配送至错误地址而产生退款,那么该商户将承担100%的退款责任。允许商户对这些退款进行申诉。

14.商户将为任何不完整订单承担100%退款责任

如果因订单配送不完整而产生退款,那么商户将承担100%的退款责任。不完整订单是指商户没有配送正确数量的产品或者没有配送该产品的所有部件。允许商户对这些退款进行申诉。

15.对于被退回发货人的包裹,商户将承担所产生的全部退款

如果妥投失败并且物流商将物品退还至发送方,商户将承担100%退款责任。允许商户对这些退款进行申诉。

16.商户需要对低评价产品承担全部退款

对于每个平均评价极低的产品商户会收到相应的违规通知。商户需对该产品收到违规通知的当笔订单及以后的所有申请退款的订单承担100%的退款费用。根据平均评

分,该产品可能会被 Wish 移除。未被移除的低平均评价产品将会被定期重新评估。如果产品的评分不再偏低,根据政策,商户将不再承担 100% 的退款责任。不允许商户对这些退款进行申诉。

17.任何客户未收到产品的订单,商户承担 100% 的退款费用

若包裹跟踪记录显示妥投,但客户未收件,商户承担 100% 的退款费用。允许商户对这些退款进行申诉。

18.若商户通过非 Wish 认可的合作配送商配送订单,则其将承担 100% 的退款责任

如果一件商品以不可接受的承运商来配送,那商家将会承担 100% 的退款责任。不允许商户对这些退款进行申诉。

商户两级
退款率政策

19.如果店铺退款率过高,那么商户将无法获得退款订单的款项

如果店铺退款率过高,商户将对未来所有的退款订单承担 100% 的退款责任。当店铺退款率得到改善且不再属于高退款率店铺后,商户将按退款政策承担正常的退款责任。不允许商户对这些退款进行申诉。

Wish 认可的
合作配送商

(四)付款政策

1.费用

根据商户的 Wish 账户中注明的条款或商户可能与 Wish 签订的任何其他协议的条款,Wish 将在商品售出时从商户提供给 Wish 的定价中抽取一定百分比或一定金额的费用作为佣金。如果商户在通过 Wish 的服务或在与 Wish 的服务有联系的情况下销售商品时使用其他服务或产品功能(如 ProductBoost、Fulfillment By Wish 等),Wish 可能会就这些服务或产品功能收取 Wish 告知的某些额外或不同的费用。如果 Wish 推出与通过 Wish 服务或在与 Wish 的服务有联系的情况下销售商品相关的新服务或产品功能,则该服务或产品功能的费用将在启动服务或产品功能时生效。除非另有说明,否则所有费用均以美元报价。在某些情况下,包括但不限于无效的交易,Wish 可以在商家的账单中借记适用费用。除商户服务条款或税费政策中另有规定者外,商户有责任支付在使用 Wish 和在 Wish 上销售相关产品的所有费用和适用税项。

2.付款

在商家遵守服务条款和 Wish 其他政策的前提下,除去应退还给客户的所有款项、适用于商家账户的费用、针对商家的罚款、通过支付处理商支付的酌情预付款或预付款,或 Wish 有权针对商家抵销的其他收费或金额(统称为"收费"),商户应得到以下金额的支付。

(1)付款金额

根据商家的 Wish 账户中注明的条款或商家可能与 Wish 签订的任何其他协议的条款,在商品售出时,Wish 将向商户支付商户提供给 Wish 的所列产品定价及所列运费(合并)的一定百分比或一定金额。商户可以在商户信息中心的"账户"—"设置"下获取此信息。付款额为商家价格(所列产品定价和所列运费)减去任何收费的净额。

(2)订单付款资格

发货的交易将有资格按照下文所列或 Wish 另行告知的方式获得付款。在不限制任

何其他补救的情况下，Wish 可以单方面决定在客户确认收货前，延迟汇款并暂扣应付给您的任何款项。无法通过商户的跟踪数据或 Wish 内部系统确认为送达的交易可能不符合付款条件。Wish 将每月两次对商户的合格交易进行付款。

（3）账户付款资格

如果启用了以下必要功能，则账户有资格接收付款。

①双因素身份验证（所有账户均须启用，自世界标准时 2018 年 4 月 15 日 1 时起生效）

②微信绑定（仅限中国账户，自世界标准时 2018 年 7 月 15 日 1 时起生效）

如果某个账户未启用必要功能，则会暂扣该账户的付款。启用这些必要功能后，该账户将在下一个预定付款日期收到付款。

（4）FBW（Fulfillment by Wish）订单付款资格

对于在世界标准时 2018 年 8 月 21 日之后标记为已发货的 FBW 订单，FBW 订单将有资格在标记的发货日期后 48 小时内获得付款。

3.支付

Wish 通常会每月两次就商户的合格交易向商家付款。如果有以下情况，则 Wish 可酌情决定修改此支付时间表：①商家不遵守服务条款或费用及付款政策，②商户在付款周期内更换其付款提供商，③商户参与与商户使用服务相关的第三方索赔、法律诉讼或政府调查，④Wish 合理怀疑商户账户存在安全漏洞、遭到黑客入侵或以其他方式受到侵害，⑤Wish 已向商户传达不同的支付时间表。则 Wish 合理酌情决定修改此支付时间表。在向商家支付款项后，资金可能需要 5～7 个工作日方可到达商户或提供商的账户。

可用于付款的商户账户余额乃部分基于向 Wish 提供的某些信息估算。Wish 无法保证向商户支付的付款金额与商户在其账户中显示为账户余额的金额相同，并且 Wish 不对这两个金额之间的任何差异负责。

4.账户安全操作

Wish 设置两步验证的步骤

账户安全操作需要两步验证。Wish 两步验证是指，当在一个新的电脑或网络环境下登录账户后台的时候，需要校验验证码，以保护 Wish 卖家的账户，减少账户被盗风险和误操作风险。

登录时需要输入发送到手机的验证码。设置好两步验证，如果有人盗取了密码，将仍然需要绑定的手机才能访问账户。除了短信通知，还有邮件通知，而且 Wish 还提供了一组常用的验证码，不需要每次都去找绑定的手机或邮箱接收验证码。这样既保证了账户安全，又方便了账户管理者和子账户之间的账户日常管理维护工作。

5.Wish 两步验证设置步骤

请确认您的 Wish 商户账户已绑定了手机号码。如果更换了手机号码，请联系 merchant-support@wish.com 更改。

登录进入店铺首页，找到左侧菜单设置页面（见图 2-46），开始设置两步验证（见图 2-47）。

图 2-46 账号设置页面

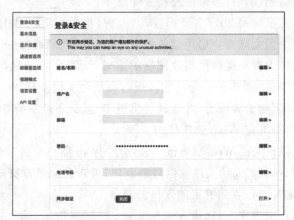

图 2-47 账户两步验证设置入口界面

输入发往您手机的短信验证码来开启两步验证（见图 2-48）。如果您未能收到短信验证码，请联系电话运营商。

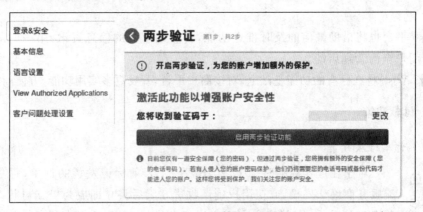

图 2-48 输入账户两步验证验证码

当您登录到一个新的设备或浏览器时，输入发送到手机的验证码，请妥善保管这些备份代码以备使用。每个后备验证码只能使用一次，但可以按需生成新的后备验证码（见图 2-49）。

如有需要，您可以生成新的代码。

关闭两步验证。如果您在登录时存在问题，进入安全页面关闭两步验证：进入设置页面"登录 & 安全"，点击"关闭"，输入验证码并点击"确认"。

图 2-49 保存备份验证码

6.账户绑定微信

（1）Wish 官方微信公众号开放

北京时间 2018 年 7 月 15 日 9 时（世界标准时 2018 年 7 月 15 日 1 时）起，Wish 要求所有中国大陆商户启用微信绑定功能，以获取后续的放款资格。2018 年 8 月 11 日起，为了给广大商户提供更高效便捷的店铺运营，经过前期的问卷及深度调研，Wish 开放店铺绑定 Wish 微信公众号功能。通过微信可实时获取 Wish 官方提供的店铺数据、待处理问题提醒、物流表现等，并欢迎提供更多建议，不断完善功能建设。

（2）绑定 Wish 公众号的步骤

微信关注 Wish 官方微信公众号"Wish 商户平台"（微信号：WishOfficial，见图 2-50）。成功关注微信号的商户，可在公众号首页对话框中回复关键字"绑定"，即可收到绑定的入口。

图 2-50　微信公众号

点击绑定入口，进入绑定页面，按页面指示，输入店铺的登录信息，成功登录后，即可完成绑定。绑定完成后，可获得以下几项个性化服务：微信店铺运营情况报告；成功绑定的商户，可点击微信菜单栏"Wish 必读"—"我的 Wish 店铺"，随时随地查看店铺的实时运营数据，包括订单数据、物流数据、重要提醒等。

Wish 平台也将借助微信的及时推送功能，将店铺重要的信息资讯，第一时间告知商户，帮助商户全面管理店铺。

未来，Wish 将在已有的功能基础上，对接商户平台，开发更多实用功能，方便商户运营。

五、付款政策

（一）订单付款政策

货款政策

对于在世界标准时 2017 年 10 月 11 日前标记发货的订单，订单在被物流服务商确认妥投，或在用户确认收货 5 天后将立即成为可支付状态。若订单未确认妥投，则其将会在商户标记发货的 90 天后变为可支付状态。对于在 2017 年 10 月 11 日之后标记发货的订单，订单在被物流服务商确认妥投，或在用户确认收货 5 天后将立即成为可支付状态，订单也可根据配送订单所使用的物流服务商获得快速放款资格。

订单在物流服务商确认 Wish Express 妥投或者在物流服务商确认发货 45 天后便成为可支付状态。使用二级服务商配送的订单将于确认发货 45 天后成为可支付状态。使用三级物流服务商配送的订单将于确认发货 75 天后成为可支付状态。使用四级物流服务商配送的订单将于确认发货 90 天后成为可支付状态。

如果订单配送使用的物流服务商不在物流选择向导中，并且没有确认妥投，那么订单将于物流服务商确认发货的 90 天后成为可支付状态。如果订单没有被物流服务商确认发货，那么订单将于商户标记发货的 120 天后成为可支付状态。

（二）相关概念

1.订单确认发货

包裹收到第一个追踪信息。

2.订单确认妥投

物流服务商或者用户确认妥投。

（三）账户付款政策

商户账户在启用如下必需的功能后，方具有收款资格。一是两步验证，要求所有账户启用，北京时间 2018 年 4 月 15 日 9 时（世界标准时间 2018 年 4 月 15 日 1 时）起生效；二是账户绑定微信，要求所有中国大陆账户绑定，北京时间 2018 年 7 月 15 日 9 时（世界标准时间 2018 年 7 月 15 日 1 时）起生效。若账户未启用上述两项必需的功能，其款项将会被系统暂扣。后续若账户启用了上述两项规定的功能，将会在下一个付款日收到款项。

（四）账户暂停

Wish 商户账号被暂停后，账户访问会受限；店铺的产品不被允许再上架销售；并且对店铺付款将保留三个月；严重违反 Wish 政策的店铺的销售额将被永久扣留；店铺 100% 承担其退款责任。因此，了解 Wish 账户被暂停的原因很重要。

哪些情况会带来账号暂停风险？

账户被暂停的原因包括但不限于以下内容。

1.询问客户个人信息

如果商户向顾客索取他们的个人信息（包括电邮地址），商户账号将有被暂停的风险。

2.要求顾客汇款

如果商户要求用户直接打款，其账户将会存在被暂停的风险。

3.提供不适当的用户服务

如果商户提供了不适当的用户服务，其账户将会存在被暂停的风险。

4.欺骗用户

如果商户欺骗用户，其账户将会存在被暂停的风险。

5.要求用户访问 Wish 以外的店铺

如果商户要求用户访问 Wish 以外的店铺，商户账户将有被暂停的风险。

6.销售假冒或侵权产品

如果商户的店铺正在销售假冒或侵权产品，商户账号将有被暂停的风险。

7.违反 Wish 商户政策

如果商户违反 Wish 政策谋取自己的利润，该商户账户将处于被暂停的风险。

8.关联账号被暂停

如果商户的店铺与另一被暂停账号关联，商户账号将有被暂停的风险。

9.高退款率

如果商户退款率过高,那么该商户账户将有被暂停交易的风险。

10.高自动退款率

如果商户的自动退款率过高,则该商户账户有暂停交易的风险。

11.高拒付率

如果商户的店铺拥有无法接受的高拒付率,商户账户将有被暂停的风险。

12.重复注册账号

如果商户已在 Wish 注册多个账户,商户账户将有被暂停的风险。

13.使用无法证实的跟踪单号

如果商户的店铺拥有大量不带有效跟踪信息的单号,商户账户将有被暂停的风险。

14.店铺发空包给用户

如果商户给用户发送空包,其账户将会存在被暂停的风险。

15.使用虚假跟踪单号

若商户使用虚假物流单号,该账户有面临罚款或被暂停交易的风险。

16.发送包裹至错误地址

如果商户店铺存在过多配送至错误地址的订单,该商户账户将有被暂停交易的风险。

17.高延迟发货率

如果商户的延迟发货订单比率过高,则该商户账户将有被暂停的风险。

18.过高比例的禁售品和/或虚假物流订单

如果商户的禁售品订单和/或虚假物流订单与收到订单总数之比非常高,则其账户将可能面临暂停交易、扣留货款和减少产品展现量的惩罚。禁售品包括但不限于误导性产品。

19.商户滋扰 Wish 员工或财产

Wish 非常重视 Wish 员工、办公室和/或财产的安全。任何形式的滋扰、威胁,未经邀请访问 Wish 不动产所在地并拒绝离开,或任何对 Wish 员工、办公室或财产安全产生威胁的不当或非法行为,都将受到处罚。若发现商户存在这些不当行为,该商户的账户付款将被永久扣留,且该商户将被处以每起事件 10 万美元的罚款。

六、Wish Express 政策

(一)相关知识查询

1.美国邮政署(USPS)邮政假期政策

美国邮政署邮政假期列表如图 2-51 所示。

美国邮政署邮政假期政策

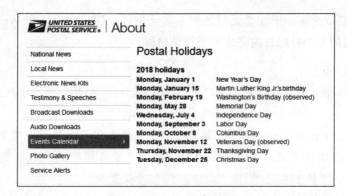

图 2-51　美国 USPS 邮政假期列表

2.Wish Express 最新政策详情

Wish Express 旨在为用户提供更快捷的到货服务,提升用户体验,商户需要根据平台承诺的妥投时间要求,按时履行并妥投 Wish Express 订单。

(1)对于参加 Wish Express 的商户,Wish 平台会给予差异化政策支持

①Wish Express 产品将获得更多的流量扶持。

②Wish Express 产品在用户端,将展示专属徽章标识。

③Wish Express 订单快速放款等其他权益。

④同时平台会对于未满足 Wish Express 时效政策要求的商户执行相应的处罚措施。

(2)Wish Express 美国路向政策

Wish Express 美国路向政策于 2018 年 3 月 12 日起实施。Wish Express 美国路向订单履行要求如下。

①Wish Express 订单妥投时效要求:5 个工作日。

②Wish Express 按时妥投订单比率要求:95%。

③Wish Express 订单超过 10 个工作日没有妥投信息的将不予结算。

📍 **注意事项**

· 工作日定义是周一到周五,美国邮政署节假日不算做工作日。

· Wish Express 按时妥投订单:妥投时间≤5 个工作日的 Wish Express 订单。

· Wish Express 订单以周为考核周期,按时妥投率等于按时妥投的订单数除以正常的 Wish Express 订单数。

(3)Wish Express 美国路向处罚政策

①Wish Express 美国路向资格移除政策

考核周期以周(周一到周日)为单位。考核周期内商户账号 Wish Express 订单按时妥投率低于 90% 会被记为违规。商户账号两次违规将被永久移除美国路向 Wish Express 项目。

②Wish Express 美国路向不达标订单罚款政策

超过 10 个工作日没有妥投的 Wish Express 订单,平台将不予结算。平台会按照考核周期(周一到周日)进行考核,头 5% 不达标订单免责,5% 以外的订单将会按照订单金额的

20%进行处罚,罚款金额小于 5 美元时按照 5 美元进行处罚。商户可在 Wish Express 处罚订单明细出具后的 6 个自然日内完成对应订单申诉。

📍 **注意事项**

· Wish Express 不达标订单即未满足 Wish Express 按时妥投要求的订单。

（4）举例

【例 2-48】 2018 年 1 月,使用推荐的物流承运服务的订单按时妥投率达到 96%。

商户 A 在 2018 年 1 月 1 日至 1 月 7 日内,美国路向共产生了 100 单 Wish Express 订单,其中有 4 个订单未满足 Wish Express 按时妥投要求。

①不达标订单 1:妥投天数为 6 个工作日。

②不达标订单 2:妥投天数为 7 个工作日。

③不达标订单 3:妥投天数为 8 个工作日。

④不达标订单 4:妥投天数为 11 个工作日。

商户 A 当期按时妥投订单比率为 96%,符合 Wish Express 要求,但不达标订单 4 妥投时间超过 10 个工作日,该订单不予结算。

【例 2-49】 商户 B 在 2018 年 1 月 1 日至 1 月 7 日内,美国路向共产生了 100 单 Wish Express 订单,其中有 12 个订单未满足 Wish Express 按时妥投要求。

①不达标订单 1~9:妥投天数为 6 个工作日。

②不达标订单 10:妥投天数为 11 个工作日。

③不达标订单 11:订单没有妥投信息。

④不达标订单 12:商户履单前取消订单。

【例 2-50】 商户 B 当期按时妥投订单比率为 88%,计为一次违规。

10、11、12 这 3 笔不达标订单将不予结算,且按照订单金额（价格＋运费）的 20%进行处罚,当罚金金额小于 5 美元时会按照 5 美元进行处罚。

不达标订单 1~5 不做罚款。

不达标订单 6~9 按照订单金额（价格＋运费）的 20%进行处罚,当罚金金额小于 5 美元时会按照 5 美元进行处罚。

（二）Wish Express 政策

1.美国路向 Wish Express 订单需在生成之日起 5 个工作日内妥投

工作日的定义为每周一至周五。周末和美国邮政假期不纳入工作日考核范围。

2.若商户已被美国路向 Wish Express 累计移除满 2 次,其路向 Wish Express 资格将会被永久移除

移除政策将会每周对 Wish Express 订单进行考核,考核周期为每周一至周日。若在最近的考核周期内,商户店铺内 Wish Express 订单按时到达率小于 90%,则账号将会被 Wish Express 移除。若商户账号此前已被美国路向 Wish Express 移除满 2 次,则其美国路向 Wish Express 资格将会被永久移除。

3.只有当美国路向 Wish Express 订单在生成之日起 10 个工作日内由物流服务商确认妥投,订单才具有可支付资格

凡未在生成之日起 10 个工作日被物流服务商确认妥投的 Wish Express 订单,将不具有被支付资格。

商户可在自收到处罚起 6 个自然日内对扣款订单进行申诉。

4.延迟妥投的美国路向 Wish Express 订单将会被罚款

罚款政策将会每周对 Wish Express 订单进行考核,考核周期为每周一至周日。延迟妥投的订单将会被罚以订单金额的 20% 或 5 美元,取二者中较高值进行罚款。按照时间先后顺序排列,前 5% 的延迟妥投订单可被豁免罚款。

凡在生成之日起 5 个工作日未妥投的 Wish Express 订单,均将被视为延迟妥投。商户可在自罚款违规生成之日起 6 个自然日内对罚款进行申诉。

5.若订单延迟交付,则商户将需对 Wish Express 订单退款负责

若订单延迟交付并被退款,商户将需对 Wish Express 订单退款负责。

本章习题

第二章习题

第三章

店铺运营

产品拍摄
与处理

第一节 产品拍摄与处理

一、拍摄准备

我们不能奢望将一个粗糙的东西拍出完美的效果,我们拍摄的目的是如实反映物品本身的外在特点。如果东西本身有问题,就无法拍出符合要求的产品图片。拍摄的产品本身应当是清洁洁净的,拍前最好将产品清理干净。

(一)拍摄器材的准备

想要拍摄一组好的照片离不开拍摄器材的选择和准备,拍摄器材没有最好的,只有最适合的。拍摄所需要准备的器材用具包括相机(或者高像素手机)、产品、支架、灯具、场景、摄影棚等。下面我们会逐一向大家介绍日常拍摄中使用最多的器材和用具,如图 3-1 所示。

图 3-1 拍摄器材的准备

1.相机

商品拍摄所需要的拍摄器材和普通摄影所需要的器材基本一样,主要是相机。相机是商品拍摄的必备工具,数码相机的性能直接影响到商品的拍摄质量,高性能的数码相机拍摄出来的商品照片质量要明显优于低性能数码相机拍摄的照片。

根据数码相机性能的差异,市面上的数码相机大致分为全自动模式的数码相机、带有自动模式的数码相机和数码单反相机(见图 3-2)。

图 3-2　数码单反相机

如果拍摄器材选用全自动数码相机也就是我们常说的"傻瓜相机",其特点是机身轻巧,外形时尚,且操作简单,即便不懂摄影技术的人也可以用它来拍摄照片。但这种相机没有拍摄模式的选择,不具备手动功能,缺乏在复杂环境下拍摄的功能。在选择此类数码相机时,要选择具有白平衡功能、曝光补偿功能、微距功能及手动 M 挡功能的相机。带有自动模式的数码相机是在全自动模式数码相机的基础上增加了手动调节功能,可以调节光圈大小、快门速度,适用于较为复杂的拍摄环境。这类相机有较好的微距功能,有自定义白平衡功能,因此拍摄商品的色彩更准确。

2.相机支架

相机支架以选择三脚架或者独脚架居多,三脚架固定相机,可以防止相机抖动,以确保拍摄的连贯性(三脚架也是目前使用率最高的拍摄产品支架)。独脚架在拍摄过程中可以较为灵活地固定不同角度,从不同角度固定并拍摄出更好的图片效果。

此外,选择拍摄产品支架是为了更好地解放你的双手,用来做其他事情。拍摄支架使用范围较广,不需要花费大价钱便可购买,如图 3-3、图 3-4 所示。

图 3-3　三脚架

图 3-4　独脚架

3.灯光

(1)灯光的用途

灯具是室内拍摄的主要工具,如果有条件的话,应具备两只以上的照明灯。建议使用

30W 以上三基色白光节能灯,价格相对便宜,色温也好,很适合家庭拍摄使用。灯光效果对于成像的质量有着极大的影响。如果你想使用自然光,可将产品放置在可以获得均匀、间接光照的窗户旁。

将光源、柔光箱或遮光伞放置在与产品成45度角的位置,使整个产品笼罩在柔和的灯光下,如图 3-5所示。相机放于产品前方。注意产品与背景距离太近,会产生阴影。如果发生这种情况,只需把产品移离背景就可以了。光源的功率设置一半就够用了。

（2）打光的技巧

下面是几种打光的技巧,以供参考。

①顺光

正面打光,人物会看起来比较平,但是整体清晰。

②侧光

图 3-5　灯光

一般配合顺光,可以通过光的组合消灭阴影。侧光有助于突出五官轮廓,适合拍摄男性。

③逆光

从被摄主体后面打光,一般用来拍摄女性。注意用光时需要补光。

④侧逆光

一般与顺光组合,可以突出人物主体,勾勒轮廓。

⑤前侧光

效果基本与侧光相似,突出人物五官,打造立体感。

（二）场景的选用

场景一定要和产品相适配,如果没有合适的场景,可以现场营造场景,这个时候就需要巧妙地搭配布景和道具了。如果产品是家居用品,那么可配家庭背景给人以联想。一般的产品拍摄都是在摄影棚内完成的,所以必要的时候也需要租个摄影棚。

摄影棚的使用对图片拍摄非常重要,摄影棚适合服装服饰类、家居类、3C 数码类、美妆类等多种商品的拍摄;也有部分商户不选拍摄棚,用摄影箱进行代替拍摄。摄影箱(见图 3-6)与摄影棚相比,携带更加方便,性价比更高,但由于摄影箱固定的规格,一般只能用于小规格类商品,因此仅限于箱包类、饰品类、美妆类、鞋类等商品的拍摄。

图 3-6　摄影箱

二、产品拍摄

产品拍摄不同于其他题材的摄影,它不受时间和环境的限制,一天 24 小时都可以进行拍摄,拍摄的关键在于对商品进行有机组合、合理构图和恰当用光,将这些商品表现得静中有动,通过你的照片给买家以真实的感受。

(一)产品摆放

一般来说大多数产品都是静止的,这就需要对产品进行摆放,从而可以从不同角度体现商品特性,给顾客最好的视觉体验。摆放拍摄不必匆忙,可以根据拍摄者的意图进行摆布,慢慢地去完成。所以要有耐心,才会拍出更好的产品图片。

服装拍摄时要注意对模特或模型身上的服装进行整理。把服装交由模特展示,或穿在人体模型上,最能展示出其效果,也有助于客户进行视觉想象。模特儿能赋予服装生命,但是聘请专业模特花费昂贵。人体模型更经济实惠,且易于使用。花些时间调整人体模型上的服装,使其看起来更有型。如果衣服太大,可以通过折叠固定的方式使其看上去更合身。

如果你担心人体模型可能会分散消费者的注意力,或降低产品档次,可以在后期制作中使用技术将"模型"消除。拍照时多拍几个角度,有助于后期制作去除人体模型后,制作3D产品图像,如图 3-7、图 3-8 所示。

图 3-7　模特儿展示

图 3-8　3D 产品图像

(二)了解商品拍摄的要求

商品拍摄的总体要求是将商品的形、质、色充分表现出来而不夸张。形,指的是商品的形态、造型特征及画面的构图形式。质,指的是商品的质地、质量、质感。商品拍摄对质的要求非常严格。体现质的影纹层次必须清晰、细腻、逼真。尤其是细微处,以及高光和阴影部分,对质的表现要求更为严格。用恰到好处的布光角度,恰如其分的光比反差,可以更好地完成对质的表现。色,商品拍摄要注意色彩的统一。色与色之间应该是互相烘托,而不是对抗,是统一的整体。"室雅无须大,花香不在多",在色彩的处理上应力求简、精、纯,避免繁、杂、乱。

(三)商品布局与构图

商品的布局,在这里我们可将其理解为静物画面的构图。商品拍摄在构图方面遵循摄影的一般构图要求,只是在某些方面,商品拍摄的构图要求更高、更细。因为商品拍摄不同于其他的摄影题材,商品拍摄是通过拍摄者主观意图摆设出来的,所以构图就要求更加完整、严谨,画面中各种关系的处理也要求合理。商品在画面中布局的过程,就是建立画面各种因素的开始。其中包括主体的位置、陪体与主体关系、光线的运用、质感的表现、影调与色调的组织与协调、画面色彩的合理使用、背景对主体的衬托、画面气氛的营造等。按照构图的基本要求,在简洁中求主体的突出,在均衡中求画面的变化,在稳定中求线条和影调的跳跃,在生动中求和谐统一,在完整里求内容与形成的相互联系。在准备拍摄之前,要对被摄商品进行仔细地观察,取其最完美、最能表现自身特点的角度,然后将其放在带有背景的静物拍摄台上。

构图时要根据不同的拍摄对象作不同的安排。拍摄历史文物,为求其平稳、庄重,一般都放在画面居中的位置上;拍摄陶瓷奔马,就应该在主体的奔跑方向前留出一些空间;拍摄细长的静物,就可以将其放在画面中间略偏向一边的位置上,用其投影来达到画面的平衡;拍摄大的物体,画面布局应当充实,给人一种大的感觉;拍摄小的静物,画面上就可适当留些空间,让人感觉其小;拍摄多个物体,就应考虑相互的陪衬和呼应关系。

(四)拍摄的几个要点

1.氛围的布置

拍摄产品图片时,一定要重视产品氛围的布置,配合产品特色。举个例子,你要卖的衬衣是英伦风格的,就不能做个日韩系的场景氛围,就算可以,有买家光顾,但这种图片的促销力度远远小于英伦场景的。同时添加一些英伦小元素,说不定会有意想不到的惊喜,如图 3-9 所示。

图 3-9　氛围布置

2.模特的选择

模特除了展示产品外,还会展示产品的使用方法。拿服装来说,穿衣服＝使用产品,所以任何产品,真人模特都会比平铺悬挂的纯背景产品展示效果要好得多。所以,产品的展示,应该找一位符合品牌性格的模特,至于这个模特丑不丑,美不美,只要能体现出产品的特点和穿着效果即可。符合品牌气质,就是对这个品牌来说不错的模特,如图 3-10、图 3-11所示。

图 3-10　模特图　　　　　　　　　　图 3-11　产品平铺图

3.符合消费者的视觉习惯

要了解消费者网购喜欢看什么,看图片买东西还是看实物买东西?当然喜欢看实物了,但网购意味着很难让你看着实物下单,那么在产品摄影这一块,如何找到实物和网购图片之间的联系呢?把实体购物的元素引入网络购物中,让买家在线上购物的时候找到线下购物的熟悉感。这种效果比较难捕捉,但这种影响确实存在,需要你拍产品的时候认真去发现。试想自己是买家,希望看到产品的特性是什么,例如,功能、材质、保暖性、安全性、使用效果等。

【例 3-1】 2～7 岁的童鞋拍摄,除了中规中矩的几个角度之外,妈妈在给宝宝穿鞋的时候,或者宝宝在自己穿鞋时,看产品的那个角度(拍摄角度)和看产品的姿势,能让买家感到熟悉,这种拍摄角度带来的产品的转化率一般都比较高。

【例 3-2】 图 3-12 为普通产品图片,产品展示较为简单,没有突出产品的功能性;图 3-13的产品图背景是一个大雪纷飞的场景,让人联想到冬天,在这样的背景下能够有这么一件棉衣就会让买家产生购买的欲望。

图 3-12　普通产品图　　　　　　图 3-13　用背景突出产品抗寒性的图片

4.主次搭配技巧

彩色产品
图片1

说到主次,既有产品和实景的主次之分,也有产品与产品之间的主次之分,如图3-14、图3-15所示。在展示过程中,最不应该出现的是和本产品无关的商品。在颜色上,有些图片让买家看上去分不清主要表现的是什么;有些图片看上去会比较别扭,仔细分析,发现颜色搭配不协调,空间构图不和谐;还有些图片甚至像蒙了一层灰,还以为是屏幕积了灰。这样的图片即使花再多的推广费,也不会有高的点击率。

图3-14 普通产品图片　　　　图3-15 产品主次不分的图片

5.场景的设置

场景的设置,也是满足买家想象空间的一部分,买家对场景也有想象。比如,比基尼,可以让你联想到穿着比基尼在沙滩的场景。让买家有美好的联想,减少买家联想的难度,并引导买家朝着你指引的方向联想,这是产品摄影应该做到的。买家对氛围也是有想象的,如一件小资情调的衣服,怎么想象?端起一杯暖暖的手工咖啡,情调、小资、文艺、舒服、精致……这些词,自会在买家心底盘旋。

买家对品质也是有想象的,对箱包、电器这类产品尤其明显,箱包那种皮质的质感、光泽度,电器的金属质感高科技感没有表现好,看起来很容易让人觉得是山寨产品。所以产品摄影师们尤其需要在产品和图片的拍摄上投入更多。比如让拍出来的产品更具美感,愉悦消费者感官,让消费者观看的时候成为一种享受。

6.突出产品特性

图片拍摄的过程,只能单纯地展示产品的样式,而很难去展示图片的功能,对于一些功能性的产品,如果能够将功能通过图片的形式展示给客户,那么这个商品就能够在众多同类型的商品中脱颖而出。举例如下。

(1)功能型产品

图3-16展示的是产品的图片及颜色,虽然能够清晰地让客户了解到产品和所有的颜色,但比较难知道此产品具备什么样的功能;图3-17在第一张图片的基础上,将产品的功

能以图标的形式进行展示,更好地突出了产品的功能,从而吸引客户的眼球。

图 3-16　产品图片及颜色的展示

图 3-17　产品功能展示

（2）差异型产品

图 3-18 是现在各大平台上许多卖家卖得非常多的商品,如果依然使用这种类型图片,势必在视觉上没有办法吸引到客户;图 3-19 的图片在图 3-18 的基础上,增加了一些拍摄技巧,从而让客户体验到与相他商品相比的差异化,可以提高客户的视觉感。

图 3-18　大部分卖家的产品图片

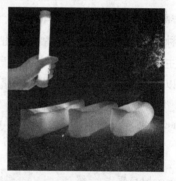

图 3-19　改进后的产品图片

（3）拼接型产品

图 3-20 单个突出产品的特性,但这类商品图片较多;图 3-21 在图 3-20 的基础上将图片进行拼接,在一张图片中展示所有的产品,这样有能够有效地进行对比,从而更好地展示商品。

图 3-20　突出某一双鞋子特点的图片

图 3-21　展示多款鞋子的图片

三、图片要求及图片处理

Wish 对于产品的图片要求非常高。一张好的图片能够较好地展示产品,吸引买家,产品图片要能够吸引客户,图片的处理也是至关重要的,接下来我们会以 Photoshop 为工具,介绍在日常运营中,我们会使用到的一些图片处理方法。

(一)上传产品图片要求及特点

1.上传图片的要求

(1)上传到 Wish 的产品图片要符合以下几点要求

①清晰干净的主产品,颜色正确。

②图片为 800 像素×800 像素。

③设置好和主产品搭配的背景色。

④尽量将产品的所有属性和功能都体现在主图上,但不要和产品图片同质化。

⑤如果是自己独家的产品,可以添加防盗水印和店铺标识,也可以做一个适合产品的边框。

(2)产品图片一般符合以下特点

①多种颜色展示模特图或者平拍图(展示销量最好的颜色)。

②在主图中标明尺码颜色(有大尺码可以在图片中添加)。

③可以添加卖家秀作为主图,更加贴近产品。

④3C 类型产品展示突出功能性。

⑤有些产品可以添加边框,让产品更加突出。

(二)图片处理的操作步骤

1.Photoshop 工具介绍

图片处理工具可以选用 Photoshop(以下简称 PS),以下举例来说明 PS 工具处理图片的方法。

(1)第 1 步

选择一款产品,定好这款产品的主图,如图3-22所示。

(2)第 2 步

打开 PS 工具,进入首页工作区,在标题栏里找到"文件"这一栏,然后点击打开,如图 3-23 所示。

图 3-22　选定主图

图 3-23　PS首页工作区

(3)第 3 步

用快捷键"Ctrl＋O"打开主图,为防止图片找不到,可以给主图更改名称,方便查询,如图 3-24 所示。

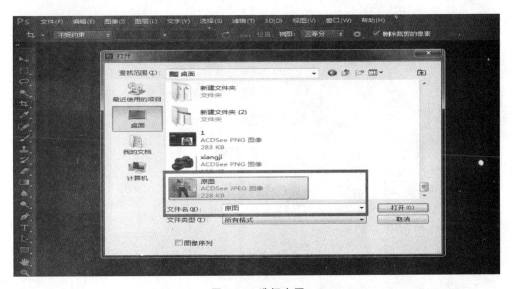

图 3-24　选择主图

(4)第 4 步

选框工具快捷键"M",主要包括矩形选框工具、椭圆选框工具、单行选框工具、单列选框工具。其中,矩形和椭圆选框工具是比较常用的。选框工具用来选你想要的部分或全部图片,利用"Ctrl＋T"来实现图片的缩放或移动,如图 3-25 所示。

图 3-25　选框工具

(5)第 5 步

套索工具主要有套索工具、多边形套索工具、磁性套索工具,主要用于抠图,去掉图片的背景,实现产品的白底图或其他颜色的背景图,如图 3-26 所示。

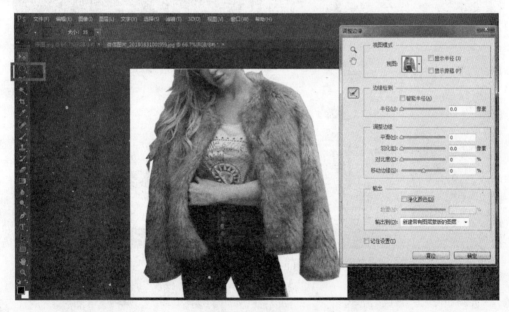

图 3-26　套索工具

(6)第 6 步

魔棒工具主要有快速选择工具和魔棒工具,快捷键为"W"。主要也是用于抠图,去掉图片背景。当我们选择错误的区域时,可以使用"Alt"键来进行删减,如图 3-27 所示。

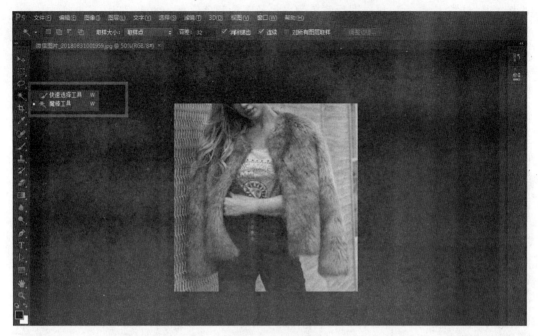

图 3-27 魔棒工具

（7）第 7 步

裁剪工具主要有裁剪工具、透视裁剪工具、切片工具、切片选择工具，快捷键为"C"。主要用于裁剪图片，利用鼠标的拖动来确定你想要的图片的大小，如图 3-28 所示。

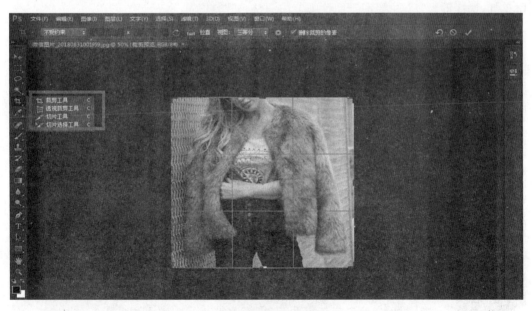

图 3-28 裁剪工具

（8）第 8 步

吸管工具快捷键为"I"，主要有吸管工具、3D 材质吸管工具、颜色取样器工具、标尺工具、选择工具、计数工具，主要用于图片颜色的采集及图片颜色信息的收集，如图 3-29 所示。

图 3-29　吸管工具

（9）第 9 步

修补工具主要有污点修复画笔工具、修复画笔工具、修补工具、内容感知移动工具、红眼工具，快捷键为"J"，主要用于图片细节的调整，如图3-30所示。

图 3-30　修补工具

（10）第 10 步

画笔工具主要有画笔工具、铅笔工具、颜色替换工具、混合器画笔工具，快捷键为"B"。主要用于编辑文字或图形，更有卖家使用此工具进行白底图抠图，如图 3-31 所示。

图 3-31 画笔工具

（11）第 11 步

图章工具主要有仿制图章工具和图案图章工具，快捷键为"S"。一般利用 Alt 键点击鼠标取色，然后选择用所选取的颜色来覆盖选择的区域，如图 3-32 所示。

图 3-32 图章工具

（12）第 12 步

历史记录画笔工具主要有历史记录画笔工具和历史记录艺术画笔工具，快捷键为"Y"，如图 3-33 所示。

图 3-33　历史记录画笔工具

（13）第 13 步

橡皮擦工具主要有橡皮擦工具、背景橡皮擦工具和魔术橡皮擦工具，快捷键为"E"。橡皮擦顾名思义是用来修改图片的，也同样具有抠图的功能，如图 3-34 所示。

图 3-34　橡皮擦工具

（14）第 14 步

油漆桶工具主要有渐变工具、油漆桶工具和 3D 材质施放工具，快捷键为"G"。油漆桶工具可以针对一个面积进行颜色变更，如图 3-35 所示。

图 3-35　油漆桶工具

（15）第 15 步

锐化工具，主要有模糊工具、锐化工具和涂抹工具。这 3 个工具主要是提高图片的视觉感，让图片更加清晰或者模糊，如图 3-36 所示。

图 3-36　锐化工具

(16)第 16 步

减淡工具主要有减淡工具、加深工具和海绵工具,快捷键为"O",主要是增加或者加深图片的光亮度,如图 3-37 所示。

图 3-37　减淡工具

(17)第 17 步

钢笔工具主要有钢笔工具、自由钢笔工具、添加锚点工具、删除锚点工具和转换点工具,快捷键为"P",也主要用于抠图,如图 3-38 所示。

图 3-38　钢笔工具

（18）第 18 步

文字添加工具主要有横排文字工具、直排文字工具、横排文字蒙版工具和直排文字蒙版工具，快捷键为"T"，主要用于调整文字的大小、颜色、字体，如图 3-39 所示。

图 3-39　文字添加工具

（19）第 19 步

矩形工具主要有矩形工具、圆角矩形工具、椭圆工具、多边形工具、直角工具和自定形状工具，快捷键为"U"。主要用于加入各种图形，以及在图片处理中为图片做边框，使用也非常方便，如图 3-40 所示。

图 3-40　矩形工具

（20）第20步

抓手工具快捷键为"H"，旋转视角工具为"R"。抓手工具主要用于移动画布，并且只有画布超出范围的时候才有效果；旋转视角工具可以对图片进行360度的旋转，如图3-41所示。

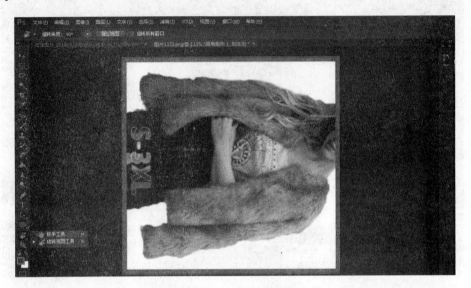

图 3-41　抓手工具和旋转视角工具

2.经常使用的PS工具介绍

PS在日常运营中常使用的图片处理方法主要有：背景改色、水印添加和去除、尺码型产品尺码表制作和拼接图制作。

（1）背景改色

使用前景背景改色器，利用取色器来改变背景颜色，如图3-42所示。

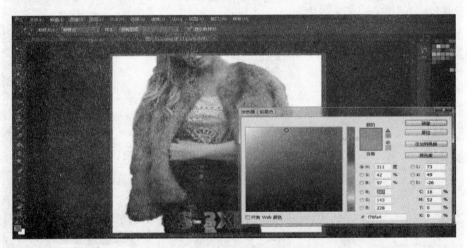

图 3-42　利用取色器来改变背景颜色

取完色彩后,更改背景颜色,这样背景图片就修改好了。如图 3-43 所示。

（2）水印添加和去除

①水印添加

首先,在工具栏里找到文字工具,选择你想要的水印文字的排列方式,接着输入你设置的水印文字,如图 3-44 所示。

图 3-43　更改背景颜色

图 3-44　水印添加

然后,在右边的控制面板里面,找到"不透明度",将"不透明度"设置为一个你想要的数值即可（一般为 50％）,如图 3-45 所示。

图 3-45　透明度设置

到这一步,水印的添加就已经完成了。很多卖家从产品采集网站上下载下来的图片出现的水印,都是使用的这个方法添加的。

②水印去除

如果我们拿到别人添加过水印的图片,这时候就需要去除水印了。

一般最简便的方法就是用"矩形选框工具"来框选,再按"Delete"键,会出现一个窗口,然后选择"内容识别"就可以去除水印了。这种方式虽然很快能够去除水印,但去除过程中发现图片上还是会有一些瑕疵,如图 3-46、图 3-47 所示。

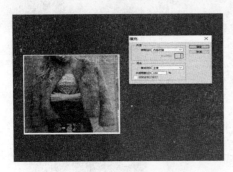

图 3-46 去除水印操作　　　　　　　　图 3-47 去除水印效果

我们发现用矩形工具一次点击,原有的图形出现了变形。

所以,建议在用之前使用图章工具覆盖掉多余的部分,同时在进行内容识别操作的时候一点一点地抠取,效果会更好,如图 3-48 所示。

图 3-48 一点一点抠取的效果

3.尺码型产品尺码表制作

首先打开 Excel 表格工具,先写上你所做的尺码产品类别,这里用服装品类举例,例如"Top size chart 或者 Pants size chart"等。接下来,我们输入产品的相关信息,如服装的尺码"XXS、S、M、L、XL、XXL、3XL、4XL、5XL"等，一般情况下服装尺码超过 XXL 的字母会比较长，所以在日常使用中，会以阿拉伯数字＋XL 来表示，如图 3-49 所示。

Size	XXS	S	M	L	XL	XXL	3XL	4XL	5XL
Shoulder									
Bust									
Waist									
Hip									
Sleeve									

图 3-49　制作尺码表

在表格的左边，我们会添加上 Shoulder（肩宽）、Bust（胸围）、Waist、Hip（腰围）、Sleeve（袖子）等，以便于客户在看到尺码图时能够对应自身的尺码，如图 3-50 所示。

Size	XXS	S	M	L	XL	XXL	3XL	4XL	5XL
Shoulder									
Bust									
Waist									
Hip									
Sleeve									

图 3-50　添加尺码名称

产品的尺寸信息一般用厘米表示，但外国人对厘米的认知没有一定的概念，所以需要将其换算成他们所熟知的英寸（2.54 厘米＝1 英寸），如图 3-51 所示。

Size	XXS		S		M		L		XL		XXL		3XL		4XL		5XL	
	cm	inch	cm	inch	cm	inch	cm	inch	cm	inch	cm	inch	cm	inch	cm	inch	cm	inch
Shoulder	=C5/2.54			80		82		84		86		88		90		92		
Bust	98		100		102		104		106		108		110		112		114	
Waist	89		91		93		95		97		99		101		103		105	
Hip	86		88		90		92		94		96		98		100		102	
Sleeve	45		47		49		51		53		55		57		59		61	

图 3-51　添加尺码尺寸

这里需要注意,在每个英寸的下面都要输入一个公式来转化成英寸,即用前一个表格的数值除以 2.54。如表格中用 C5/2.54 再按"Enter"键即可。这样就可以得到一个完整的表格,如图 3-52 所示。

Top size chart

Size	XXS		S		M		L		XL		XXL		3XL		4XL		5XL	
	cm	inch	cm	inch	cm	inch	cm	inch	cm	inch	cm	inch	cm	inch	cm	inch	cm	inch
Shoulder	76	29.9	88	34.6	98	38.6	111	43.7	120	47.2	130	51.2	140	55.1	150	59.1	160	62.99
Bust	77	30.3	89	35	99	39	112	44.1	121	47.6	131	51.6	141	55.5	151	59.4	161	63.39
Waist	78	30.7	90	35.4	100	39.4	113	44.5	122	48	132	52	142	55.9	152	59.8	162	63.78
Hip	79	31.1	91	35.8	101	39.8	114	44.9	123	48.4	133	52.4	143	56.3	153	60.2	163	64.17
Sleeve	80	31.5	92	36.2	102	40.2	115	45.3	124	48.8	134	52.8	144	56.7	154	60.6	164	64.57

图 3-52　公式转化

当我们把表格尺码编辑完成后,我们会在表格最下面加上一句提醒的话语,此话语可以包含很多内容,比如,是美码还是欧码、何种材质、是否会出现误差等。下面举例说明。

Attention：

The size of this item is not standard US/EU size, so please refer to our size chart above to choose the best size for you.

Please allow 1-2 cm difference due to manual measuring.

最后,把提示语编辑入表格内,这样一个完整的尺码表就完成了,如图 3-53 所示。

Top size chart

Size	XXS		S		M		L		XL		XXL		3XL		4XL		5XL	
	cm	inch	cm	inch	cm	inch	cm	inch	cm	inch	cm	inch	cm	inch	cm	inch	cm	inch
Shoulder	76	29.9	88	34.6	98	38.6	111	43.7	120	47.2	130	51.2	140	55.1	150	59.1	160	62.99
Bust	77	30.3	89	35	99	39	112	44.1	121	47.6	131	51.6	141	55.5	151	59.4	161	63.39
Waist	78	30.7	90	35.4	100	39.4	113	44.5	122	48	132	52	142	55.9	152	59.8	162	63.78
Hip	79	31.1	91	35.8	101	39.8	114	44.9	123	48.4	133	52.4	143	56.3	153	60.2	163	64.17
Sleeve	80	31.5	92	36.2	102	40.2	115	45.3	124	48.8	134	52.8	144	56.7	154	60.6	164	64.57

Attention:

The size of this item is not standard US/EU size, please refer to our size chart above to choose the best size for you
Please allow 1-2 cm difference due to manual measuring.

图 3-53　完整尺码表

另外在运营中,每个卖家使用习惯不一,对尺码表要求也不一,尺码表可以做成多样化的形式,如服装类,还可以加入人体图形,并把尺寸在图形上编辑出来。

4.拼接图制作

产品主图有一大部分都是拼接图,所以在 Wish 上面这个方法也是很重要的。其制作过程为:同时打开多个图片,新建一个图层,然后按住 Shift 键操作形成正方形路径,利用路径选择工具选择路径,用键盘的箭头进行位置调节。

（1）新建一个图层，若要设置主图，则一般都是 800 像素×800 像素，因为 Wish 的展示区就是一个正方形，这样可以更好地体现你的产品，如图 3-54 所示。

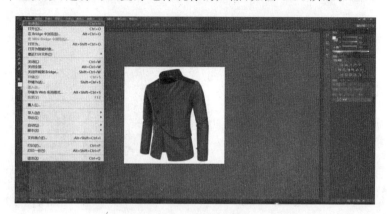

图 3-54　设置主图

（2）打开你要拼接的图片，新建一个 800 像素×800 像素的图层，把你所需要的图片直接拖入新建的图层即可，如图 3-55 所示。

图 3-55　拼接图片

（3）利用"Ctrl＋T"来移动图片或改变图片的大小，接着排列整齐图片就可以了，如图 3-56所示。

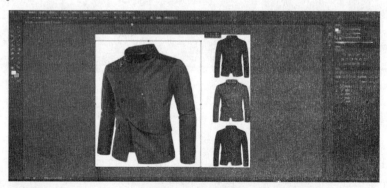

图 3-56　排列整齐

这样就可以用一张主图展示多个产品,也更加方便客户选择。也可以按上文所提到的,为产品图片增加一个边框,这样的主图更加明确了产品的特点,可以让顾客更好地选择需要的款式,如图 3-57 所示。

图 3-57　修改前和修改后的产品图片

（三）完整地做一张图片

1.打开图片

在标题栏里找到"文件"这一栏,然后点击打开,选中要处理的图片。

2.设置图层大小

有裁剪和像素设置两种,但裁剪不够精确,一般都选用同时按下"Ctrl＋Alt＋C"键填写需要设置的像素来设置图层的大小,如图 3-58 所示。

图 3-58　设置图层大小

3.调整色差亮度

（1）调节明暗

如图 3-59 所示,"图像"－"调整"－"曲线",也可直接按快捷键"Ctrl＋M",通过曲线调节阴暗;在图中取样以设计白场,然后根据图片找一个合适的明暗效果,最后调节白平衡得到图中的效果。

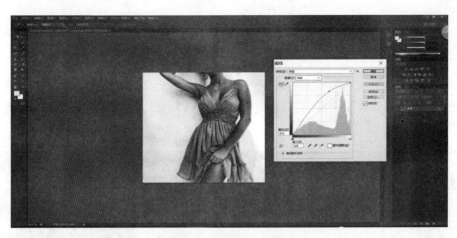

图 3-59　调整色差亮度

（2）抠图

使用快速选择工具，抠选你要的那部分图片，如果一不小心抠选了多余区域，则需要按住"Alt"键，选择多选的那部分即可，如图 3-60、图 3-61 所示。

图 3-60　抠选图片

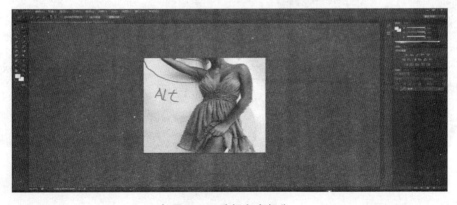

图 3-61　选择多余部分

如果要把图中选好的图片抠出来,只需按住"Shift+Ctrl+I"键即可;若要移动选中的图片,只需按住"Ctrl+T"键即可。把抠好的图片直接拖入选好的背景图就好了。背景图一般要配合产品图片,给人以享受的感觉最好。

(3)更换背景

更换图片的背景需要先找到"设置背景颜色工具",然后找到你所需要的背景颜色即可,如图 3-62、图 3-63 所示。

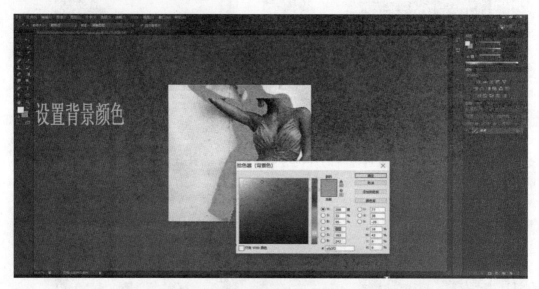

图 3-62　设置背景颜色工具

图 3-63　更换图片的背景

图 3-64、图 3-65 是图片修改前后的对比，如果你是顾客，你会买哪一张主图所展示的产品呢？

图 3-64　修改前的图片

图 3-65　修改后的图片

（4）给主图添加文字

若要给主图添加文字，那么在工具栏里点击"T"即可编写要输入的字符，或者按"Shift＋T"键也可以有同样的效果。

顶头的标题栏可设置文字的颜色及大小等，如图 3-66、图 3-67 所示。

图 3-66　设置文字的颜色及大小

图 3-67　文字效果

Wish 是一个买家用碎片时间来逛的平台,他们首先是逛,注重视觉体验。美丽的图片能够体现产品的亮点。完美的图片(主要是附图)再配上优美的文字,大概是最能吸引消费者视线和兴趣的做法了。逛 Wish 这个平台就像逛街一样,看到喜欢的图片才会点进去细看。同样,看到有吸引力的主图,顾客的兴趣也会提升许多,产品转化率也会相对提高。所以在某种程度上说,电商卖的就是图片。

第二节　产品管理

一、产品文案撰写

产品管理和
订单处理

　　根据 Wish 平台的产品在上传时需要填写的信息,卖家有了产品之后需要准备产品名称、描述、标签、商品 SKU 编号四部分内容,这就是产品文案。产品文案撰写时需要进行文案编辑的内容主要是对产品的描述。

　　Wish 平台要求填写的产品描述,就是对产品详情精准的展现,能够让客户进一步了解产品的信息。产品描述要求如下。

　　(1)默认用英文填写,限 1000 个字符,500 行以内,且只有 250 个字符显示在初始的手机端页面上。

　　(2)不能包含任何 HTML 代码,不能出现有关店铺政策的详细信息,不能出现其他店铺特定的语言或多行信息。

　　(3)"换行"字符(如"enter"或者"return")将导致文件出现问题。

　　(4)在描述数字时,用阿拉伯数字代替英文单词,如用"5"代替"five"。

　　(5)有关大小、合身度及尺寸的信息对服装类产品的销售都有很大的帮助。

　　(6)不要用特定的字符,如@、*。

　　(7)描述中明确包裹内容,不要有拼写错误。

　　(8)不可在描述中添加其他平台的链接。

　　(9)编写详情文案时,以服装产品为例,可以从尺码、颜色、产品材质、功能、注意事项等多维度来填写,如图 3-68 所示。

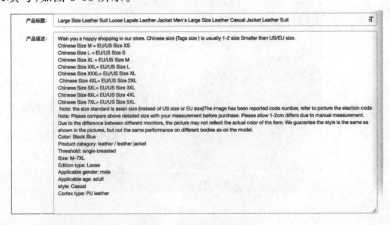

图 3-68　服装产品详情

注意事项

• 如果是服装类产品,本身亚洲尺码和欧美尺码都有需求,可以在详情页中将亚洲尺码和欧美尺码的换算添加进去。

• 如果产品不是以单个为单位销售的,而是以一双进行销售,比如袜子类产品,那么在详情中可以添加。

• 描述多以简洁、明了为主,境外的客户在阅读习惯上和境内还是有较大的差别,复杂的描述容易引起客户反感。

• 在内容排版上,尽可能排得美观一些,可多分段来提高美感。

二、定价

对于所有 Wish 卖家来说,都要花费一些心思在定价上。定价过高,容易吓跑客户,没有办法完成销售目标;定价过低,又无法赚取足够的利润。那么如何来进行定价呢?

(一)影响定价的因素

1.市场因素

(1)市场需求

市场需求会对产品价格影响较大,当市场开始热捧某一类商品时,这类商品的价格马上上涨。但产品销售一段时间后,海量同质化商品开始进入,客户在选择商品上也更加多样化,很多商品的价格开始下降,利润也跟着下降。

(2)同行卖家价格

Wish 平台上有成千上万的卖家,卖家与卖家之间存在着竞争,了解其他卖家对商品定的价格,能够为自己商品定价做参考。

2.产品成本

(1)平台佣金

Wish 卖家在平台上进行销售,订单成交后都需要支付 15% 的佣金,这部分费用,卖家都会计算到产品定价中。

(2)产品成本

在日常运营中,销售的商品来源为工厂生产或者网络采购,在计算成本时,需要将产品的采购或者生产成本计算在里面。采购成本直接影响售价,若售价一定,采购成本高,卖家利润会降低,采购成本低,卖家的利润空间就会提高。

3.运输费用

(1)境内运费

销售的商品,在境内进行采购时会涉及境内的运费,销售的商品可能是一件采购或者多件采购,要将境内运费分摊到每一个销售出去的商品上。

(2)国际(地区间)运费

国际(地区间)运费分为直邮和海外仓两种方式:卖家采用直邮方式需了解不同物流渠道所对应的不同国家(地区),进行价格对比再选择物流;海外仓指的 Wish-FBW (fulfillment by Wish)和 Wish-WE(Wish Express),会产生头程运输费用和仓储费等。

4.其他因素

(1)第三方收款工具

订单成交后,卖家如果准备提款,需使用 Wish 后台指定收款工具,这个过程中由美元转换成人民币就会出现手续费。

(2)汇率

在实际定价中要考虑汇率的问题,定价中汇率定高了,如果出现汇率下降,可能销售的商品就会亏本。

(3)营销推广费用

为了提高产品的销量和人气,会通过 Wish 内的 PB(ProductBoost,产品提升)进行付费营销推广,这也是一笔不小的推广费用。

(二)合理定价策略

同一个产品有竞争对手和没有竞争对手的定价策略是不一样的,同时产品在不同的阶段定价思路也是不一样的。

1.新品期

新品刚上传,没有好评价和星级评价,产品还处在无竞争状态,如果商品和其他卖家的一样,那么试想一下,会有人购买吗?新品阶段一定要分析产品,尽量控制产品的价格。

2.产品成长期

当卖家的产品已经积累了一些好评,并有一定的销量,卖家可以稍微提一下价格,或者将价格控制在比竞争对手的价格略低的范围内。

3.产品成熟期

产品已经有不错的销量,并且各项数据都已经比同行卖家更好的情况下,可以启用利润较高的价格,并且可以准备开始使用海外仓。

4.产品衰退期

当产品慢慢进入衰退期时,市场会有各种各样的新产品推出,这个时候要考虑两个方面:如果产品已经进入衰退期,考虑是否需要放弃此款商品;如果因为前期的销量准备了较多的库存,或者产品还有部分利润,可以考虑继续做此商品,但可以将价格调高不再让订单数增加,或者降低价格清理库存。

三、定价的小诀窍

(一)区间定价

卖家在定价中,可以考虑设置不同价格来对商品进行定价,以服装为例,可以将不同的尺码定不同的价格,最小的尺码可以设置相对低的价格用作引流,正常销售的尺码可以根据公式设定一个利润价格,一些较少或者偏大的尺码可以设置更高的价格,以差异化的价格来刺激销量。

（二）合理使用 MSRP

建议零售价和卖家定价息息相关，通过 Wish APP 可以看到，很多商品首图左上角会有一个折扣价格，这个价格就是通过设置 MSRP（建议零售价）后的折扣价格，建议零售价和售价差的越多，首图显示的折扣就越大。

（三）产品状态查看

产品状态查看，顾名思义就是针对现在已经在做的产品进行查看。我们点击查看所有商品后，可以找到我们要看的产品，看到产品在编辑完以后的一些基础信息，如缩略图、产品 ID、产品名称、父 SKU、Wishes、销量、ProductBoost、退货计划、SKU、价格、标准库存、国家配送费、最近更新、上传时间、违规及措施等。想要更好地了解产品目前所处的状态，可以点击措施，进入查看产品表现，如图 3-69 所示。

图 3-69　产品表现界面

1. 表现总览

进入产品表现，首先看到表现总览，单个产品所有的数据都在这里展示，包括成交总额、销售、浏览数、过去 30 天内订单数、过去 30 天内退款数、过去 30 天的退款率、93 天内的订单数、93 天内的退款数、93 天内的退款率、平均评级、平均 30 天的评级。

图 3-70 所展示的数据表明，卖家需要多关注销售的订单数和浏览数，如果在商品浏览数保持稳定的基础上产品销售也趋于稳定，那么暂时不需要担心商品。如果发现浏览数稳定，订单数明显下降，这个时候卖家要多多关注商品，考虑是不是商品自身出现问题。如果是因为评分过低导致订单数下降，那么卖家要关注商品的评价。如果评分数保持稳定的数值，但流量下降并且订单数也下降，这个时候卖家要去买家端查看是否有其他卖家在销售这个商品，导致流量分流，若是，那么卖家要考虑是否因为价格问题导致流量流失，针对价格进行调整。

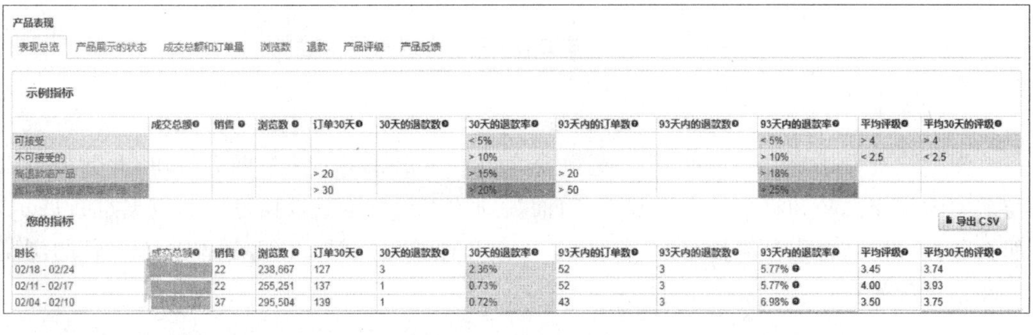

图 3-70　表现总览界面

2. 产品展示状态

产品展示的状态有商品处于可销售状态、商品是否被 Wish 认证的状态。另外，也可以查看到该商品是否属于海外仓商品，如图 3-71 所示。

图 3-71　产品展示的状态界面

3. 成交额和订单量

查看成交总额和订单量，如图 3-72 所示，分为每日销售额、每周销售额、每周订单数三大板块，这里的数据我们可以结合 ProductBoost 的数据，以周为单位，测试出单个产品在一周内哪几天的转化数据比较好，接下来在推广新品或者为单品做活动的时候更有方向。

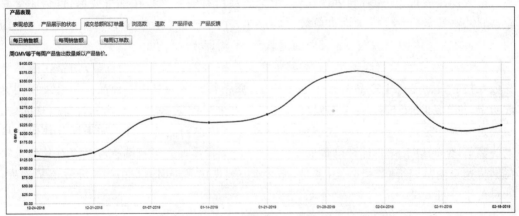

图 3-72　成交总额和订单量界面

4. 浏览数

浏览数查看，如图 3-73 所示，浏览数分为每日流量和每周流量两大板块，此数据可以与前面的成交总额和订单量结合起来，前面提到的表现总览是根据每周的数据进行展示，那么我们可以结合每日流量与上面的成交总额和订单量的每日销售额推算出单日的浏览量和销售额的比例。

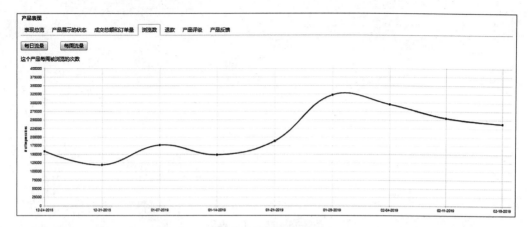

图 3-73　浏览数界面

5. 退款

退款包括 30 天退款率、在 63 天到 93 天内的退款率、退款原因明细三大板块，可以从图 3-74 中看出，此商品在之前销售的过程中退款率还是非常高的，但在后面的销售中退款率有了明显的下降，在订单不变的情况下，降低退款率需要了解客户对产品的反馈，并做好产品的优化。

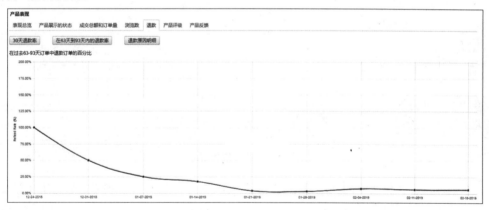

图 3-74　退款界面

6. 产品评级

查看产品评级，如图 3-75 所示，分为每日评分、每周评级、每日评分明细三大板块。对于 Wish 卖家而言，产品评级数非常重要。在 Wish 对产品的评分要求中，评分<2.5 的产品，会被列入不可以接受的商品指标中，这样的指标会导致商品直接被平台下架，并且影响店铺销售，所有产品评级是卖家们日常运营中都需要考虑的问题。

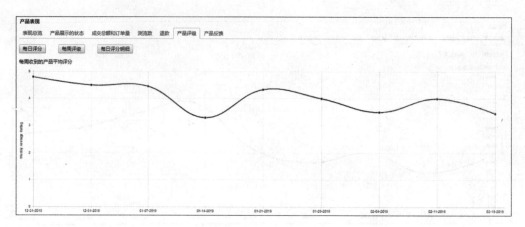

图 3-75　产品评级界面

7. 产品反馈

如图 3-76 所示，此商品在经过一段时间的销售后，累计评论有 79 条，这些评论对于卖家非常重要，大部分客户的评论比较中肯，评分较低的客户会提出自己的意见，这对于卖家改善商品本身及提高产品评级有很大的帮助。另外，收集了客户的评论后，可以对产品开发或者同类产品升级提供建议。

产品表现

表现总览　产品展示的状态　成交总额和订单量　浏览数　退款　产品评级　产品反馈

79 评论

显示 1 至 79　　筛选栏　上一页　下一页

订单 ID	日期	评分	评论
5c6d36e14ecf3e263a111048	三月 1, 2019	★★★★★	
5c68849adb036b25b16ccbb9	三月 1, 2019	★★★☆☆	
5c5ec4465efbc7748f041863	二月 28, 2019	★☆☆☆☆	A un difetto
5c59c11fb165622669a36cf5	二月 26, 2019	★★★☆☆	Très joli mais beaucoup trop grand
5c51f9468d667b2624dcc630	二月 25, 2019	★★★★★	
5c3f732f84a507700fe2c023	二月 23, 2019	★★★★★	
5c5e4f81fc2793778f0e0815	二月 21, 2019	★★☆☆☆	Good, soft material but the product quality is not good. Right at the moment I take it out of the package, I can see that it is a very cheap product from a low-cost tailor/producer
5c572585e333e925edcac44f	二月 20, 2019	★★★☆☆	Very nice, but much to short. Seems the length was measured from the top of the collar. It's a pity.

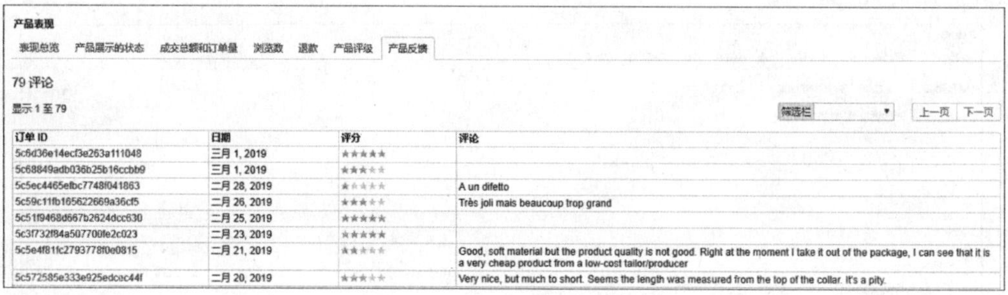

图 3-76　产品反馈界面

每个商品所表现出来的产品状态都会不一样，在日常的运营过程中，我们可以有效分析单个产品所展现的浏览量、成交额、订单数，做好数据对比，来了解产品在不同时间段所表现出来的状态，改善运营手段。另外通过退款率、产品评级、产品反馈，来提高产品的市场反馈，无论在优化产品还是对产品进行二次开发方面都能起到很好的作用。

第三节　订单处理

一、未处理订单

在 Wish 后台主界面点击“订单”，在弹出的下拉菜单中点击“未处理”菜单，打开未处理订单列表页面，如图 3-77、图 3-78 所示。

图 3-77 未处理订单

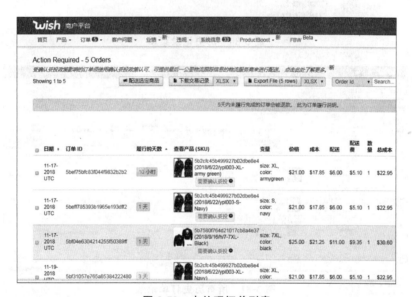

图 3-78 未处理订单列表

在未处理订单列表右侧"操作"栏,点击"措施",在弹出的下拉菜单中选择"配送"菜单,如图 3-79 所示。Wish 有线上发货和线下发货两种方式。线上发货指的是将货品直接放至指定的物流公司的仓库,在处理订单时直接在店铺后台由指定仓库进行发货操作。目前 Wish 对接的物流公司有 Wish 邮、中邮速递等。线下发货指的是自己联系物流商发货,配送服务提供商的跟踪编号与发出的商品要严格对应起来,否则会导致追踪不到相应的物流信息,进而可能影响店铺的收款时间。如果买家有修改配送地址的要求,可以点击"编辑配送地址"进行相应的修改。

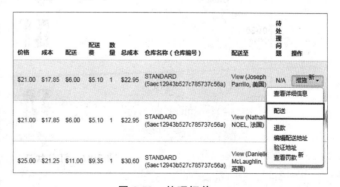

图 3-79 处理订单

二、历史订单

在 Wish 后台点击"订单"菜单，在弹出的下拉菜单中选择"历史记录"菜单，打开历史订单列表界面，如图 3-80、图 3-81 所示。历史记录是点击"发货"后所有订单的状态显示。

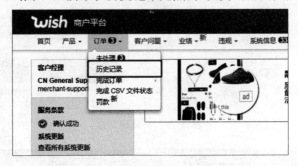

图 3-80　历史记录菜单

图 3-81　所有历史订单记录

（一）查看订单状态

订单历史记录列表中的"State"栏就是订单状态栏，如图 3-82 所示。订单状态有多种，下面举三个例子说明。

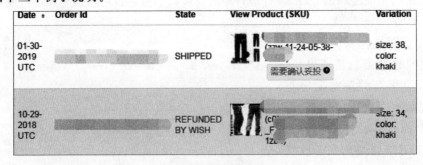

图 3-82　订单状态

1. Shipped（已发货）

这是指订单已经发货，即已经填写了物流跟踪编号。

2. Payment status（付款状态）

这是指该笔订单款项的去向，每月的 1 日和 15 日是 Wish 的退款日，Wish 根据订单的妥投信息来确定是否付款。一旦订单被 Wish 确认妥投，该订单将被支付；如果订单无法确认妥投，订单将在被标记发货后的 90 天后被支付；如果买家申请退款，需要考虑退款责任。"to be payed on"是指订单将被支付的日期，"paid on 09-01-2018"是指该订单于 2018 年 1 月 9 日被支付。

3. Refunded by Wish（被 Wish 退款的订单）

这是指已被 Wish 退款的订单。点击可查看退款原因。

（二）退款订单申诉

对于发生退款的订单，可以发出申诉。步骤如下：点击"订单"菜单，在弹出的下拉菜单中选择"历史记录"菜单，找到"not eligible for payment"，如图 3-83、图 3-84 所示。

Payment Status	Ship to	Shipment Details	Tracking Confirmed	Wish Confirmed Delivery
paid on 03-03-2019	view	view	Yes	Yes
not eligible for payment 付款: $4.8	view	view	No	No

3-83　历史退款订单记录

Not Eligible For Payment

Total Amount	$20.41
Total Refund Responsibility	$20.41

Refund Breakdown

Refund Date	Reason	Quantity	Refund Amount	Refund Responsibility
2019-01-21	Shipment beyond latest delivery date	1 / 1	$20.41	$20.41 (100.00%) 为什么? 发起申诉
Total		1 / 1	$20.41	$20.41

Marked Shipped	11-03-2018
Shipping Carrier	WishPost
Tracking Number	LM196260603CN
Tracking Number Confirmed	Carrier has not confirmed receiving package

图 3-84　发起申诉界面

第四节　物流基础

物流基础

一、跨境电商常见物流方式

跨境电商物流不仅指在两个或两个以上国家(地区)之间进行的物流,更指在国家、地区或一些境内关外的保税区及自贸区之间进行的物流服务。一般来说跨境电商物流包括运输、仓储、配送、包装、搬运、流通加工、信息管理七大板块,物流商按照基本属性可分为中国邮政物流、国际邮政物流、商业快递和专线物流。

以下重点介绍中国邮政物流。中国邮政物流业务范围广,分支健全,按照邮递类型主要分为以下两大类、四大种:中国邮政小包(主要有平邮和挂号两种)和中国邮政速递(主要有 EMS 和 e 邮宝)。同时,邮政速递物流还推出了中邮海外仓(出口跨境电商)和中邮海外购(进口跨境电商)一站式综合物流解决方案。

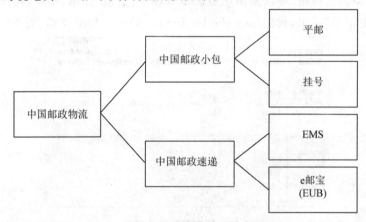

图 3-85　中国邮政物流业务范围

(一)中国邮政小包

中国邮政小包分为平邮和挂号两种。

1.平邮

尽管平邮费率较低,但业务不提供全程跟踪查询服务,并不符合 Wish 平台跟踪包裹的要求,因此并不建议使用。

2.挂号

挂号服务可全程跟踪包裹,但挂号费率略高,0.001 千克起重,限重 2.000 千克。根据挂号小包的特点,适合其配送模式的产品类型为货值低、重量低的小商品。物流费用公式为

$$物流费用=标准费×产品包裹实际重量+挂号费$$

(二)中国邮政速递

1. e 邮宝

e 邮宝是邮政速递物流为适应跨境电商轻小件物品寄递需要推出的经济型国际速递

业务,利用邮政渠道清关,进入合作邮政轻小件网络投递。单件限重 2.000 千克,主要路向参考时限 7~10 个工作日。需要强调的是,所有的物流产品均具备一定的时效性,因此在使用前务必更新到最新时效的收费表。

2. EMS

此服务针对的国家和地区主要为:日本、韩国、中国台湾、中国香港、俄罗斯、澳大利亚、新加坡、英国、法国、巴西、西班牙、荷兰、加拿大、乌克兰、白俄罗斯。收寄重量不受 2.000 千克限制,计费首、续重为 0.050 千克,寄递时限更快,信息反馈更完整。EMS 可以使用在线打单服务,具体操作介绍请登录邮政速递物流国际在线发运系统。

(三)中邮海外仓

中国邮政速递配合跨境电商物流发展的另一表现形式是海外仓。跨境电商背景下,海外仓是指建立在境外关外的仓储设施,货物通过集装箱贸易模式运输到海外仓库做预存储。根据当地的销售订单,从仓库直接进行分拣、包装和配送。海外仓可以降低货物的头程运输成本,原理类似线下货物集装箱混合拼装托盘。另外,海外仓可以大大提高货物配送时间,解决跨境电商时效性痛点,也在一定程度上实现了快速退换货,有利于店铺的长远性、规模性发展。

中邮海外仓,旨在帮助境内跨境电商卖家实现在销售区域的本土发货和配送,全面缩短从出单到收件的时限。现已开办美国仓、澳大利亚仓、德国仓和英国仓,后期计划开办日本、俄罗斯、巴西等海外仓库。现在美国东部仓库面积约 20000 平方米。

(四)跨境电商物流

除了中国本土的物流业务之外,在当下的电商市场,跨境电商物流面临的几大痛点主要集中在物流跟踪、报关报检、当地法规不熟悉、退货处理等方面。

Wish 卖家在考虑物流优化的过程中,应着眼于解决上述物流痛点。首先,应保证产品的可跟踪化,即实行"一单一号"跟踪制度,保证每个产品都"有迹可循"。其次,产品在发货之前应予以充分检查,及时了解目的国(地区)海关的最新政策,以检测商品是否符合当地标准。最后,卖家可以积极了解海外仓的发展政策及趋势,积极向海外仓靠拢,提高物流的时效性和用户的体验感。

二、Wish 邮

"Wish 邮"(WishPost)是中国邮政和 Wish 共同推出的一款 Wish 商户专属物流产品。Wish 邮中的各类物流产品主要分为以下几种线路:Wish 邮-Wise Express 专线、Wish 邮—中外运专线、Wish 邮—Yun Express 专线、Wish 达(公测版本)、Wish 邮—DLE、Wish 邮—International Bridge 中美专线、Wish 邮—欧洲小包、Wish 邮—e 邮宝、Wish 邮—中邮小包、Wish 邮—DHLe 标准小包、Wish 邮—DHLe 经济小包、Wish 邮—英伦速邮。

(一)Wish 邮—Wise Express 专线

Wish 邮—WiseExpress 专线是 WishPost 推出的美国路向妥投类产品,提供头程运输、口岸操作、出口交航、进口接收、实物投递等实时跟踪查询信息,美国全程时效 5~8 个工作日,综合妥投率高于 98%,包裹全程可跟踪,支持带电产品配送。Wish 邮—Wise

Express(美国)专线运送重量及价格如表 3-1 所示。

表 3-1　Wish 邮—Wise Express(美国)专线运送重量及价格

重量段(千克)	基础资费(元/千克,0.12 千克首重)	处理费(元)
0.120～0.455	78.58	14.09
0.456～1.000	67.35	21.43
1.001～3.000	57.15	25.52

♀ 注意事项

· 重量范围和尺寸限制:首重 0.120 千克,限重 3.000 千克;尺寸限制:15.5 厘米×0.7 厘米×7.7 厘米≤长×宽×高≤68 厘米×43 厘米×43 厘米。

· 货品属性:可接受带电货物,包括内置电池、配套电池和含磁产品;不接受纯电、强磁产品。

· 申报要求:不接受申报价值超过 800 美元的货物,不接受同一收件人名且同一地址、当天累计包裹申报价值超过 800 美元的货物。

· 派送范围:全美,不接受海外仓地址,不提供退回服务。

（二）Wish 邮—中外运专线

Wish 邮—中外运专线新推出法国路向妥投类产品,提供头程运输、口岸操作、出口交航、进口接收、实物投递等实时跟踪查询信息,全程时效 8～10 个工作日,综合妥投率高于 95%,包裹全程可跟踪,支持带电产品配送［接受内置电池(PI967)和配套电池(PI966),不接受纯电池(PI965)及任何移动电源产品］。Wish 邮—中外运(法国)专线运送重量及价格如表 3-2 所示。

表 3-2　Wish 邮—中外运(法国)专线运送重量及价格

重量段(千克)	基础资费(元/千克,0.050 千克首重)	处理费(元)
0.050～0.400	48.80	19.50
0.401～30.000	38.50	24.00

♀ 注意事项

· 重量范围和尺寸限制:0.050～30.000 千克,首重 0.050 千克。

· 体积要求:16 厘米×11 厘米×1 厘米<长×宽×高≤150 立方厘米。

· 最大单边长度 50 厘米。

· 该渠道为商业专线,清关模式为 DDP［delivered duty paid (named place of destination),完税后交货［……指定目的地)］。申报价值为 0～22 欧元的包裹免收 VAT (value-added tax,增值税)和关税;包裹申报价值为 22～150 欧元的包裹,会按照申报价值收取 25% 的 VAT ,该费用将会直接向商户收取,从月结运费账单里体现。该渠道不接受申报价值超过 150 欧元的包裹。

· 若包裹投递失败被退回,可提供对原件退回的包裹重派、改派的服务;也提供退回中国的服务;对退件保留 30 天。

（三）Wish 邮－Yun Express 专线

Wish 邮－Yun Express 专线是 Wish 邮推出的德国、法国路向妥投类产品,提供头程运输、口岸操作、出口交航、进口接收、实物投递等实时跟踪查询信息,德国全程时效6～10个工作日,法国全程时效 5～8 个工作日,综合妥投率高于 95%,包裹全程可跟踪,支持带电产品配送［接受内置电池(PI967)和配套电池(PI966),不接受纯电池(PI965)及任何移动电源产品］。Wish 邮－Yun Express(德国、法国)专线运送重量及价格如表 3-3 所示。

表 3-3　Wish 邮－Yun Express(德国、法国)专线运送重量及价格

路向	重量段(千克)	基础资费(元/千克,无首重)	挂号服务费(元/件)
德国	0～30.000	58.00	15.00
法国	0～30.000	40.00	25.00

📍 注意事项

· 重量范围和尺寸限制如下。

德国:0～30.000 千克,无首重限重;长(厘米)＋ 2×［宽(厘米)＋高(厘米)］≤210 厘米,最长边≤120 厘米,次长边≤60 厘米。

法国:0～30.000 千克,无首重限重;长(厘米)＋宽(厘米)＋高(厘米)≤150 厘米,最长边≤60 厘米。

· 该渠道为商业专线,清关模式为 DDP。申报价值为 0～22 欧元的包裹免收 VAT 和关税;包裹申报价值为 22～150 欧元的包裹,会按照申报价值收取 25% 的 VAT,该费用将会直接向商户收取,从月结运费账单里体现。该渠道不接受申报价值超过 150 欧元的包裹。

· 不提供退回中国的服务,对退件保留 30 天。

（四）Wish 达（公测版本）

Wish 达首批开放美向公测版本,二批开放加拿大路向公测版本,Wish 达是 Wish 推出口岸直飞路向的物流产品,即时提供头程运输、口岸操作、出口交航、进口接收、实物投递等实时跟踪查询信息。全程物流节点可在线实时跟踪查询(包括妥投信息),美向投送时效 9～14 个自然日,加拿大投送时效 12～15 个自然日,法国和瑞士投送时效 10～12 个自然日,全程首选直达航班,服务品质全面升级。Wish 达(加拿大)运送重量及价格如表 3-4所示,Wish 达(美国)运送重量及价格如表 3-5 所示,Wish 达(法国、瑞士)运送重量及价格如表 3-6 所示,可接受带电货物,包括内置电池、配套电池,不接受纯电池及任何移动电源。

表 3-4　Wish 达(加拿大)运送重量及价格

重量段(千克)	基础资费(元/千克,无首重)	处理费(元)
0～0.200	69.80	22.30
0.201～0.500	71.50	21.20
0.501～2.000	60.50	24.50
2.001～30.000	49.50	38.80

表 3-5　Wish 达(美国)运送重量及价格

重量段(千克)	基础资费(元/千克,无首重)	处理费(元)
0～2.000	68.60	16.60

备注:不支持带电,单件货物重量不满 0.050 千克按 0.050 千克计费

表 3-6　Wish 达(法国、瑞士)运送重量及价格

路向	重量段(千克)	基础资费(元/千克,无首重)	操作费(元/件)
法国	0～2.000	69.80	16.10
瑞士	0～2.000	71.90	15.90

备注:无首重,重量不超过 2.000 千克,支持带电

注意事项

· Wish 达加拿大路向包裹体积重量与实际重量比低于 2∶1 的,按照实际重量收费。达到 2∶1 的,按照体积重量收取。体积重量=[长(厘米)×宽(厘米)×高(厘米)]/6000。

· Wish 达加拿大路向只接受 20 加币及以下的包裹。

· 若包裹海外投递失败,该包裹将会被退回加拿大海外仓并保留 60 天。60 天内提供改派服务,60 天后包裹将会做销毁处理,境外退件费暂时免费。

（五）Wish 邮－DLE

Wish 邮－DLE 是 Wish 推出口岸直飞美国路向的物流产品,即时提供头程运输、口岸操作、出口交航、进口接收、实物投递等实时跟踪查询信息。全程物流节点可在线实时跟踪查询(包括妥投信息),投送时效 7～12 个自然日,口岸货物当日操作,当日交航,确保 24 小时内快速出关启运。目前 Wish 邮－DLE 产品依托口岸充沛的国际直航资源,全年运效均能得以保证。Wish 邮－DLE 运送重量及价格如表 3-7 所示。

表 3-7　Wish 邮－DLE(美国)运送重量及价格

重量段(千克)	基础资费(元/千克,首重 0.100 千克)	操作费(元/件)
0.100～2.000	64.90	14.90

（六）Wish 邮－International Bridge 中美专线

Wish 邮－International Bridge(IB)中美专线是美国路向专线产品,产品分为 IB 标准服务(Standard)和 IB 快速服务(Express),均提供头程运输、口岸操作、出口交航、进口接收、实物投递等实时跟踪查询信息。全程物流节点可在线实时跟踪查询(包括妥投信息),IB 标准服务(Standard)起重 0.060 千克、投送时效 7～12 个工作日,IB 快速服务(Express)起重 0.050 千克、投送时效 3～7个工作日,单个包裹不得超过 31.500 千克,发带电产品需提供相应的带电材料一套三件:MSDS(material safety date sheet,化学品安全技术说明书)文件,DGM(Dangerous Goods Management,Ltd,即 DGM 公司,主要提供产品安全运输分析报告)报告,UN38.3(可充电型锂电池操作规范)。Wish 邮－Internation Bridge 运送重量及价格如表 3-8、表 3-9 所示。

表 3-8　Wish 邮－International Bridge 标准服务(Standard)运送重量及价格(暂时关闭)

重量段(千克)	配送服务费(元/千克,首重 0.060 千克)	挂号服务费(元/件)
0.060～0.200	61.01	19.53
0.201～0.450	75.67	15.62
0.451～1.050	52.76	30.19
1.051～31.500	63.66	29.10

表 3-9　Wish 邮－International Bridge 快速服务(Express)产品价格

重量段(千克)	配送服务费(元/千克,首重 0.050 千克)	挂号服务费(元/件)
0.050～0.450	72.16	21.05
0.451～31.500	62.86	38.59

（七）Wish 邮－欧洲小包

Wish 邮－欧洲小包是 Wish 邮推出的欧洲专线小包,提供收寄、出口封发、进口接收和投递等实时跟踪查询信息。Wish 邮－欧洲小包运作模式为客户提供在 Wish 邮平台处理订单、打印详情单、提交揽收信息,或自送上门服务,Wish 邮－欧洲小包产品分为 Wish 邮－欧洲经济小包(半跟踪)和 Wish 邮－欧洲标准小包(可妥投),配送目的地为德国、法国、挪威、瑞士、荷兰、卢森堡、比利时、丹麦,支持带电产品。Wish 邮－欧洲小包运送重量及价格如表 3-10、表 3-11、表 3-12 所示。

表 3-10　Wish 邮－欧洲经济小包(德国)运送重量及价格

重量段(千克)	基础资费(元/千克,无首重)	操作费(元/件)
0～2.000	74.30	8.00

表 3-11　Wish 邮－欧洲标准小包(德国)运送重量及价格

重量段(千克)	基础资费(元/千克,无首重)	操作费(元/件)
0～0.400	68.00	52.30
0.401～2.000	14.30	18.60

表 3-12　Wish 邮－欧洲小包(其他国家)运送重量及价格

国家	Wish 邮－欧洲经济小包			Wish 邮－欧洲标准小包		
	重量段(千克)	基础资费(元/千克,无首重)	操作费(元/件)	重量段(千克)	基础资费(元/千克,无首重)	操作费(元/件)
挪威	0～2.000	59.10	25.20	0～2.000	61.40	39.60
瑞士	0～2.000	59.90	9.20	0～2.000	62.70	22.00
荷兰	0～2.000	暂停	暂停	0～2.000	61.20	21.80
卢森堡	0～2.000	48.10	14.30	0～2.000	49.30	24.60
比利时	0～2.000	58.40	10.20	0～2.000	59.70	18.90
丹麦	0～2.000	62.90	9.80	0～2.000	65.90	22.70
法国	0～2.000	61.70	9.10	0～2.000	暂停	暂停

注意事项

· 配发含电产品前，商户需在 Wish 邮网页帮助中心下载电子产品预报表，填写带电产品发运预报申请、填写完毕后将电子产品预报、产品图片、MSDS DOC 证书通过邮件发送至 jzq@superbpost.com 进行审核，审核通过才能发送该带电产品。

（八）Wish 邮－e 邮宝

Wish 邮－e 邮宝是 Wish 与中国邮政速递物流股份有限公司合作的经济类速递产品，提供收寄、出口封发、进口接收和投递等实时跟踪查询信息。作业流程标准化，货物及时效都有保障。一般情况下，单件限重 2.000 千克，遇 e 邮宝运送范围或价格调整时，按照中国邮政速递物流股份有限公司公布的价格执行。Wish 邮－e 邮宝运送重量及价格如表 3-13 所示。

表 3-13　Wish 邮－e 邮宝运送重量及价格

路向	重量段（千克）	基础资费（元/千克）	操作费（元/件）
爱尔兰、芬兰	0.001～2.000	25.00	65.00
奥地利、波兰、丹麦、比利时、荷兰、卢森堡、瑞士、土耳其、意大利、匈牙利、希腊	0.001～2.000	25.00	60.00
澳大利亚、法国、德国、瑞典	0.001～2.000	19.00	60.00
巴西	0.050～2.000	25.00	80.00
俄罗斯	0.001～2.000	17.00	55.00
俄罗斯	0.001～2.000	18.00	55.00
哈萨克斯坦	0.050～2.000	8.00	70.00
韩国、马来西亚	0.001～2.000	25.00	40.00
美国	0.050～2.000	15.00	64.00
墨西哥	0.001～2.000	25.00	85.00
挪威、葡萄牙、加拿大	0.001～2.000	19.00	65.00
日本	0.050～2.000	12.00	40.00
沙特阿拉伯	0.001～2.000	26.00	50.00
泰国	0.001～2.000	14.00	45.00
乌克兰	0.010～2.000	8.00	75.00
西班牙	0.001～2.000	14.00	60.00
新加坡	0.001～2.000	25.00	40.00
新西兰	0.050～2.000	9.00	70.00
以色列	0.001～3.000	17.00	60.00
印度尼西亚	0.001～2.000	14.00	45.00
英国	0.001～0.300	17.00	60.00
英国	0.301～2.000	19.00	55.00
越南	0.001～2.000	12.00	45.00
中国香港	0.001～2.000	17.00	30.00
中国香港	0.001～2.000	17.00	20.00

📍 **注意事项**

· 揽收范围:23 个省份。

· 揽收标准:用户可在 Wish 邮平台或第三方平台上生成打印面单,可选择自送或通知上门揽收模式交寄邮件,揽收一件起揽,市级城区以上范围内可实行免费上门服务。

· 揽收联系方式:商户可以在 Wish 邮平台注册下单或通过第三方软件下单,创建订单时,选择物流渠道"Wish 邮—e 邮宝",按照创建操作步骤,生成并打印 e 邮宝运单后,联系对应城市联系人。

· 服务时间安排(遇法定节假日另行通知):客户自送时间为 9:00～17:00;上门揽收时间为 10:00～16:00。

· 提示:商户下单需在"Wish 邮—e 邮宝"开办范围内下单,非开办范围暂不受理此项服务。

(九)Wish 邮—中邮小包

Wish 邮—中邮小包是 Wish 与中国邮政合作,针对重量 2.000 千克以下小件物品为 Wish 平台卖家推出的空邮产品,产品分为平邮和挂号,运送范围覆盖全球 200 多个国家和地区。Wish 邮—中邮小包运送范围及价格为:Wish 邮—中邮小包平邮和挂号均支持发往全球 217 个国家和地区;运费根据包裹重量按克计费,平邮 30 克起重,挂号 1 克起重,平邮和挂号每个单件包裹限重均为 2 千克。

Wish 邮—中邮小包运送重量及价格

(十)Wish 邮—DHLe 标准小包

Wish 邮—DHLe 标准小包是 Wish 邮推出的美国路向妥投类产品,提供头程运输、口岸操作、出口交航、进口接收、实物投递等实时跟踪查询信息。全程时效 6～10 个工作日,无首重,限重 2.000 千克,不支持带电产品配送。Wish 邮—DHLe 标准小包运送重量及价格如表 3-15 所示。

表 3-14 Wish 邮—DHLe 标准小包(美国)运送重量及价格

重量段(千克)	基础资费(元/千克,无首重)	操作费(元/件)
0～2.000	86.60	17.30

(十一)Wish 邮—DHLe 经济小包

Wish 邮—DHLe 经济小包是 Wish 邮推出的经济小包,提供揽收和收寄实时跟踪查询信息。Wish 邮—DHLe 经济小包运作模式为提供客户在 Wish 邮平台处理订单,打印详情单,提交揽收信息,或自送上门服务,全程时效 12～17 个工作日,限重 2.000 千克,不支持带电产品配送。Wish 邮—DHLe 经济小包运送重量及价格如表 3-15 所示。

表 3-15　Wish邮-DHLe 经济小包运送重量及价格

重量段(千克)	基础资费(元/千克,无首重)	操作费(元/件)
美国 0~0.030	0	7.73
美国 0.031~2.000	83.90	5.17
英国 0.001~0.030	0	7.31
英国 0.031~2.000	71.27	5.17

（十二）Wish邮—英伦速邮

Wish邮—英伦速邮小包是 Wish邮推出的英国专线小包,提供收寄、出口封发、进口接收等实时跟踪查询信息。Wish邮—英伦速邮小包为客户提供在 Wish邮平台处理订单、打印详情单、提交揽收信息,或自送上门服务。支持带电产品,全程时效 5~8 天。Wish邮—英伦速邮运送重量及价格如表 3-16 所示。

表 3-16　Wish邮—英伦速邮运送重量及价格

重量段(千克)	基础资费(元/千克,无首重,限重 2.000 千克)	操作费(元/件)
英国	76.90	6.60

三、Wish邮注册

Wish邮注册步骤如下。

（一）第 1 步

点击链接 https://wishpost.wish.com/login,进入登录界面,如图 3-86 所示,点击立即注册。

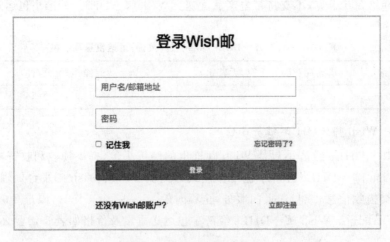

图 3-86　Wish邮登录界面

（二）第 2 步

设置用户名，包括邮箱地址（日常经常使用的邮箱账号），输入密码，确认密码，点击"下一步"，如图 3-87 所示。

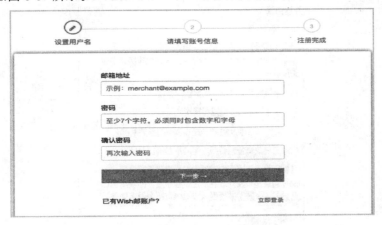

图 3-87　Wish 邮设置用户名界面

（三）第 3 步

填写账号信息，包括 Wish 店铺名、Wish 商户 ID、电话号码、联系人姓名、发件人国家/地区、发件人省份、发件人城市等，如图 3-88 所示。

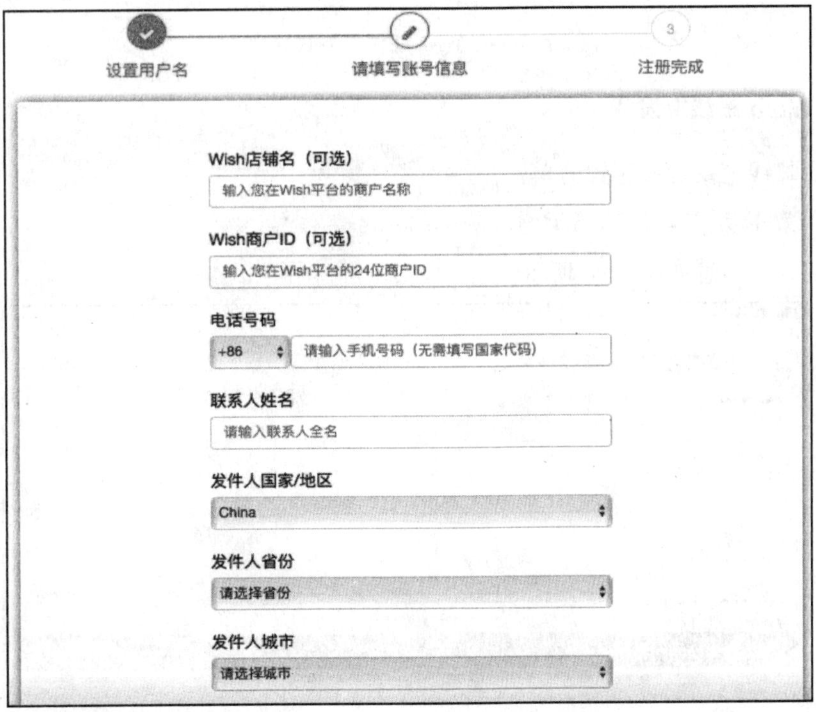

设置用户名　　　请填写账号信息　　　注册完成

Wish店铺名（可选）

输入您在Wish平台的商户名称

Wish商户ID（可选）

输入您在Wish平台的24位商户ID

电话号码

+86　　请输入手机号码（无需填写国家代码）

联系人姓名

请输入联系人全名

发件人国家/地区

China

发件人省份

请选择省份

发件人城市

请选择城市

图 3-88　Wish 邮填写账号信息界面

第 4 步

仔细阅读 Wish 邮注册协议，若对协议没有异议，点击下方"同意注册协议"，如图3-89所示。

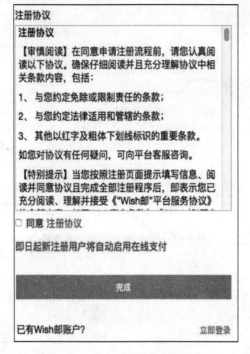

图 3-89　Wish 邮注册协议界面

四、Wish 邮线上发货

Wish 邮线上发货操作较简单。

（一）第 1 步：填写 Wish 订单（Wish Order）信息

Wish 订单信息如图 3-90 所示。

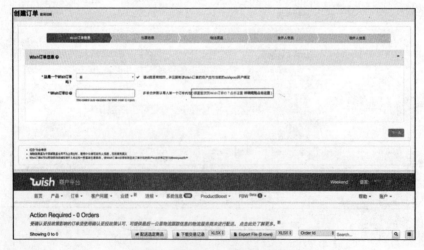

图 3-90　填写 Wish 订单信息界面

如果是 Wish Order,选择 Yes,且填写有效的 Wish Order ID,需要确保 Wish Order ID 是 Wish 平台上有效的 Order ID,且该 Order 的商户账号已绑定当前 Wish 邮的账号。

如果不清楚目标 Wish Order ID,点击"Where to Get Wish Order ID? Click here"跳转到商户平台进行查阅。

如果不是 Wish Order,选择 No,系统不会检测 Wish Order ID 的有效性且不会验证商户账号是否已经绑定当前 Wish 邮账号。

(二)第 2 步：填写包裹信息

如果上一步是 Wish Order,系统会根据之前的 Order 信息自动填写包裹信息;如果不是 Wish Order,请自行填写,如图 3-91 所示。

图 3-91　填写包裹信息

(三)第 3 步：选择物流渠道和仓库信息

如果上一步是 Wish Order,系统会根据之前 Order 信息自动填写收件人国家(地区)、产品重量、是否带电;如果不是 Wish Order,请自行填写。信息填写完毕后,点击"Choose Logistics Channel"选择物流渠道,如图 3-92、图 3-93 所示。

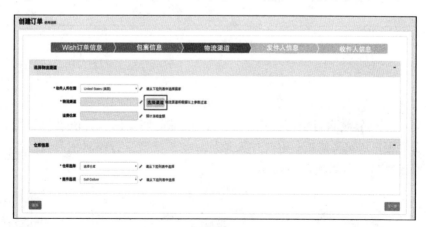

图 3-92　选择物流渠道界面

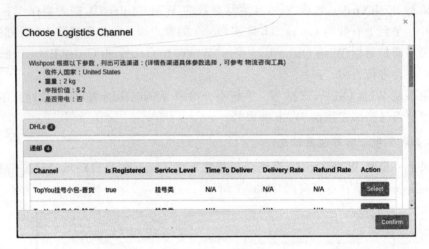

图 3-93　仓库信息

（四）第 4 步：填写发件人信息

系统会自动填写默认地址簿的地址，用户可以自行修改。需注意的是，当物流渠道为中国邮政且仓库不为上海仓时，请用中文填写发件人信息，否则请用英文，如图 3-94所示。

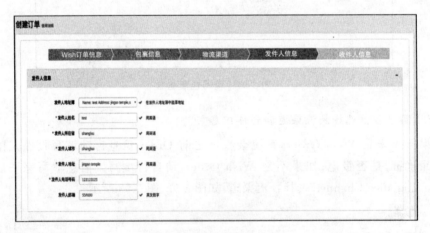

图 3-94　填写发件人信息

（五）第 5 步：填写收件人信息

如果之前是 Wish Order，那么系统会根据之前 Order 信息自动填写收件人信息；如果不是 Wish Order，请自行填写。Wish Order 如果前期使用非英语语种填写收件人地址，后期需要用户用英文修正一遍收件人地址。如果需要自行编辑信息，在第一个"是否编辑"的框选择"Yes"，如图 3-95 所示。

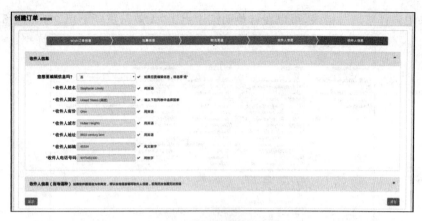

图 3-95 填写收件人信息

（六）第 6 步：确认填写信息

如还需修改，点击 No，返回修改，如图 3-96 所示。

图 3-96 确认填写信息

若无问题，点击 Yes 提交，页面会自动跳转到订单明细查看历史订单，可在订单明细中点击"查看"，查看订单信息，如图 3-97 所示。

	物流单号	发件人	收件人	生成日期	状态	物流信息追踪状态	操作
☐	WI10041507826SH	Shiqi Ma	Tanya Pierce	2018-01-12	普通		无效 | 查看 | PDF文件(A4) | PDF 文件(10*10)
☐	WI10041507806SH	Shiqi Ma	Tanya Pierce	2018-01-12	打印		无效 | 查看 | PDF文件(A4) | PDF 文件(10*10)
☐	WI10041507796SH	Shiqi Ma	Tanya Pierce	2018-01-12	打印		无效 | 查看 | PDF文件(A4) | PDF 文件(10*10)
☐	WI10041507746SH	Shiqi Ma	Tanya Pierce	2018-01-12	打印		无效 | 查看 | PDF文件(A4) | PDF 文件(10*10)
☐	WI10041507736SH	Shiqi Ma	Tanya Pierce	2018-01-12	普通		无效 | 查看 | PDF文件(A4) | PDF 文件(10*10)
☐	WI10041507716SH	Shiqi Ma	Tanya Pierce	2018-01-12	打印		无效 | 查看 | PDF文件(A4) | PDF 文件(10*10)
☐	WI10041507706SH	Shiqi Ma	Tanya Pierce	2018-01-12	打印		无效 | 查看 | PDF文件(A4) | PDF 文件(10*10)
☐	WI10041507676SH	Shiqi Ma	Tanya Pierce	2018-01-12	打印		无效 | 查看 | PDF文件(A4) | PDF 文件(10*10)
☐	WI10041507616SH	Shiqi Ma	Tanya Pierce	2018-01-12	普通		无效 | 查看 | PDF文件(A4) | PDF 文件(10*10)
☐	WI10041507596SH	Shiqi Ma	Tanya Pierce	2018-01-12	普通		无效 | 查看 | PDF文件(A4) | PDF 文件(10*10)
☐	WI10041507586SH	Shiqi Ma	Tanya Pierce	2018-01-12	普通		无效 | 查看 | PDF文件(A4) | PDF 文件(10*10)

图 3-97 Wish 订单明细

如果用户订单填写错误,可以在订单明细中点击"无效",重新下单,如图 3-98 所示。

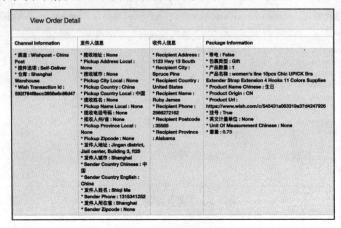

图 3-98　查阅订单信息

五、ERP 发货

卖家在日常运营中,一般多用 ERP 进行产品编辑、产品上传及订单发货操作。ERP 的存在可以有效提高我们运营中的效率,在本书第五章"实用工具"中有对 ERP 进行讲解,ERP 发货流程如下。

(一)第 1 步

进入 ERP 系统后,界面弹出订单信息,点击订单栏中的订单处理,左边订单中出现待审核订单,如图 3-99 所示。

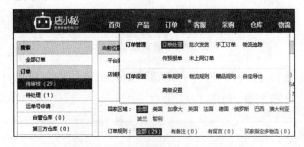

图 3-99　ERP 系统订单处理界面

(二)第 2 步

选中需要处理的订单,在商品左上角方框处打钩,在物流方式栏下面点击"请选择物流方式",如图 3-100 所示。

图 3-100　选择物流方式界面

（三）第 3 步

进入物流信息填写界面，看到物流信息栏中显示"X"，表明物流信息并未选择好，点击右上角"编辑"一栏添加物流方式，如图 3-101 所示。

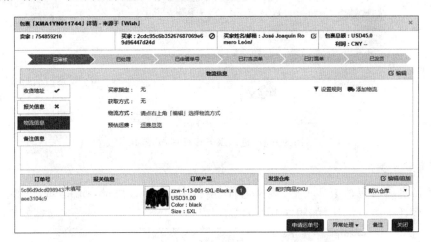

图 3-101　物流信息填写界面

（四）第 4 步

物流方式需要提前在 ERP 的物流方式选择里进行物流方式添加，点击右上角的保存按钮，如图 3-102 所示。

图 3-102　物流方式选择界面

（五）第 5 步

填写完物流信息后，发现左边栏中还需要填写报关信息，点击"编辑"填写报关信息，如图 3-103 所示。

图 3-103　进入报关信息填写界面

（六）第 6 步

报关信息填写包括中文名称、英文名称、申报金额、申报重量，如果是带电类产品，需要在报关属性上进行标注，如图 3-104 所示。

图 3-104　报关信息填写界面

（七）第 7 步

填写完报关信息、物流信息后申请运单号，卖家将订单打印后，贴在需要发送的包裹上，如图 3-105、图 3-106 所示。

图 3-105　中国邮政物流标签

图 3-106　中国邮政打单发货标签

至此,Wish 平台上面的订单处理就顺利完成了,接下来就是通过选择的物流渠道,寄到指定的地点发货,或者等待物流商上门揽收即可。

六、Wish Express

(一)Wish Express 的业务范围

Wish Express 简称"WE",是目前 Wish 平台针对做海外仓卖家的一个物流渠道,该物流模式是客户可以根据自身的实力,自建海外仓项目,区别于后面内容中的 FBW(fulfillment by Wish,亚马逊物流)。WE 支持多个海外仓渠道,如第三方海外仓公司递四方、万邑通、中国邮政等。Wish 致力于提供快速妥投服务以提升用户体验。因此,Wish 商户在规定时间内完成 Wish Express 订单的履行与妥投。目前,Wish Express 支持下列国家的物流服务:奥地利、比利时、巴西、加拿大、克罗地亚、捷克共和国、丹麦、芬兰、法国、德国、匈牙利、冰岛、爱尔兰、意大利、列支敦士登、立陶宛、卢森堡、摩纳哥、荷兰、挪威、葡萄牙、波兰、斯洛伐克、斯洛文尼亚、西班牙、瑞典、瑞士、英国、美国。

(二)Wish Express 商户享受的优惠条件

使用 Wish Express 的商户将享受以下优惠条件。

(1)获得至多 10 倍的流量。

(2)符合要求的产品有独特的 Wish Express 标志。

(3)产品将展现在 Wish Express 专页及用户的搜索结果中。

(4)更快的收款速度。

(5)更多其他优惠。

(三)Wish Express 订单的确认妥投时限

Wish Express 订单的确认妥投时限一般为"自订单释放后 5 个工作日之内",但以下国家(地区)除外,其妥投时限可参考表 3-17。

表 3-17   Wish Express 订单目的国(地区)与妥投时间

订单目的国(地区)	妥投时间要求(工作日)
法国［FR］	6
瑞典［SE］	8
澳大利亚［AU］	7
意大利［IT］	6
瑞士［CH］	6
西班牙［ES］	8
丹麦［DK］	6
芬兰［FI］	7
挪威［NO］	8
波多黎各［PR］	7
巴西［BR］	10

Wish Express 按时到达率的要求为 95%，"Wish Express 按时到达订单"的定义为，Wish Express 订单在释放后 5 个工作日内由物流服务商确认妥投〔有特殊妥投时限的国家(地区)顺延〕。如果 Wish Express 订单未在妥投时限后的 5 个工作日内由物流服务商确认妥投，此订单将失去回款资格。例如，美国路向的 Wish Express 订单必须在 10 个工作日内由物流服务商确认妥投，方具备回款资格。需要注意的是，"工作日"的定义为周一至周五。对于美国路向订单，美国邮政假期不会被纳入工作日计算；对于欧洲路向订单，欧洲公众假日不会被纳入相应国家的工作日计算。同时，当商户通过"地址校验"功能请求用户验证订单的配送地址时，订单妥投时限可延长 48 个工作小时。

七、FBW

FBW (fulfillment by Wish)是指由 Wish 来履行订单，具体操作步骤如下。

(一)第 1 步

创建 FBW 配送计划。FBW 配送计划用于管理 FBW 库存。建立一个配送计划包括选择一个 Wish 提供的发货仓库，选择打算发送的产品及数量，在右下角点击"开始"按钮，如图 3-107 所示。

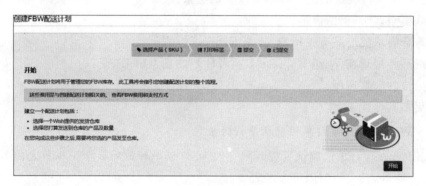

图 3-107　创建 FBW 配送计划

(二)第 2 步

选择入库区域，卖家在准备做 FBW 时，要确定主要入仓区域，如 FBW-US 美国仓库，FBW-EU 欧洲仓库，如图 3-108 所示。

图 3-108　选择入仓区域

（三）第 3 步

选择产品（SKU）点击查看所有产品，挑选需要做 FBW 的商品。可以通过搜索产品 ID 或者按产品 SKU 进行搜索，如图 3-109 所示。

图 3-109　选择产品（SKU）

（四）第 4 步

确定所需要做的产品，以服装为例，SKU 数量较多，把确定需要做的 SKU 进行打钩，添加到配送计划，如图 3-110 所示。

图 3-110　确定海外仓产品

（五）第 5 步

打印标签完成上述操作后，分步骤进行操作：①打印并附上 SKU 标签，②在每箱中打印并放入清单，③打印并贴上箱子标签，如图 3-111 至图 3-114 所示。

图 3-111　FBW 配送计划创建界面

图 3-112　打印并附上 SKU 标签

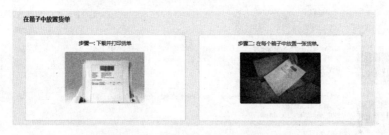

图 3-113　打印货物清单并放入每个箱子中

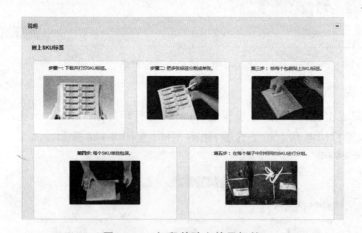

图 3-114　打印并贴上箱子标签

当客户在下单时,可选择卖家商品中的直邮或者海外仓服务(FBW),直邮方式可以通过 Wish 后台或者 ERP 进行订单处理,FBW 商品会通过 Wish 海外仓直接进行发货。

第五节　客户问题

在 Wish 平台运营的商户,经常也会遇到需要与客户交流、沟通的问题,主要分为未处理、已回复、已关闭三类。

一、未处理

"未处理"是指没有被处理的客户问题,如图 3-115。

图 3-115　收到未处理的客户问题通知

在图 3-116 所示的"操作"栏下面点击"查看"按钮,可查看客户问题详情并进行相应处理。

图 3-116　未处理的客户问题列表

二、已回复

在 Wish 后台菜单栏中点击"客户问题"菜单,在弹出的下拉菜单中选择"已回复"。"已回复"是指已经回复过的客户问题,包括 Wish 客服回复和商户自己回复的,如图 3-117、图 3-118 所示。

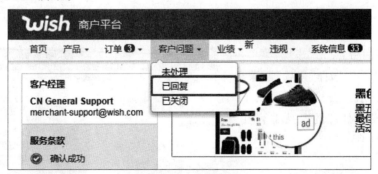

图 3-117　已回复菜单

图 3-118　已经回复的客户问题列表

三、已关闭

"已关闭"是指已经被回复过,没有争议可以关闭的客户问题。处于"已关闭"状态的客户问题记录,仅可查找和了解客户的详情,不能进行其他操作,如图 3-119 所示。

图 3-119　已关闭的客户问题

📍 注意事项

·"未处理""已关闭""已回复"三个状态下的客户问题数的总和,才是客户问题的总数。

第六节　违规处理与申诉

一、知识产权

在 Wish 后台,点击"违规"菜单,在弹出的下拉菜单中选择"待处理"菜单,如图 3-120 所示。被检测到侵犯了知识产权但还没被处理的产品都列在这里,如图 3-121 所示。

图 3-120　违规菜单

图 3-121　未处理的违规事项

点击产品右侧的"查看"菜单,可以看到该产品的违规详情,如图 3-122 所示。

图 3-122　违规详情

如果该违规产品被点击查看了违规详情,"待处理"中就不再显示该产品记录。常见的违规类型(原因)可以在"按理由筛选"下拉选项中看到,如图 3-123 所示。常见的违规类型如表 3-18 所示,这些常见的违规类型多达 32 个,每一个都触犯了 Wish 的政策,对 Wish 店铺的运营造成很大影响。商户在日常运营中,应当重视解读这些违规所对应的政策,并提早采取有效的措施避免这样的违规现象。

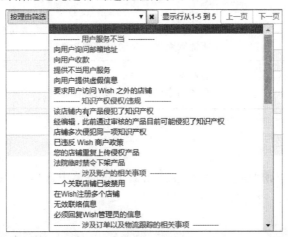

图 3-123　"按照理由筛选"的违规类型

表 3-18　常见的违规类型

违规类型	具体违规
用户服务不当	向用户询问邮箱地址 向用户收款 提供不当用户服务 向用户提供虚假消息 要求用户访问 Wish 之外的店铺
知识产品侵权违规	该店铺内有产品侵犯了知识产权 经编辑，此前通过审核的产品目前可能侵犯了知识产权 店铺多次侵犯同一项知识产权 已违反 Wish 商户政策 重复铺货
涉及账户的相关事项	一个关联店铺已被禁用 在 Wish 注册多个店铺 无效联络信息
涉及订单及物流跟踪的相关事项	未能在 5 天内完成履行订单 提供无效跟踪信息的物流单号 向用户寄发空包
涉及产品的相关事项	下架一款正在促销的 SKU 该产品的退款率极高 上传了重复产品 此产品的评价过低 这个产品被修改成一个新的产品 产品不再满足 Wish Express 政策
涉及店铺的相关事项	店铺极高的退款率 店铺退款率高 店铺高拒付率 店铺高延迟发货率 店铺不符合确认妥投政策要求 店铺不满足 Wish Express 政策 店铺因违反 Wish Express 服务协议被罚款 店铺频繁将产品清单更改为新产品
其他	疑似欺诈 在产品中检测到不合适的内容

二、历史记录

在 Wish 后台，点击"违规"菜单，在弹出的下拉菜单中选择"历史记录"菜单，跳转到历史记录列表，如图 3-124、图 3-125 所示。

图 3-124　违规历史记录菜单

⇕已创建	▲最后更新日期	理由	罚款金额	状态	操作
2017-05-09 09:35	2017-05-14 02:15	发现知识产权侵权	N/A	看过	查看
2017-05-11 09:36	2017-05-14 02:31	发现知识产权侵权	N/A	看过	查看
2017-08-29 12:05	2017-08-29 15:30	您未能在5天内完成履行订单	N/A	看过	查看
2017-09-27 17:25	2017-09-28 00:34	发现知识产权侵权	N/A	看过	查看
2018-12-18 19:02	2019-01-21 10:39	发现知识产权侵权	$10.00 USD	看过	查看

图 3-125　违规事项的历史记录列表

📍 注意事项

· 该历史记录包含侵犯知识产权、退款率过高、延迟发货率超标、店铺关联、重复铺货等所有违规历史记录。

· 还没有被商户查看或者还在等待管理员审核的违规事项,不会立即在该历史记录里面显示,要等该违规事项被商户放弃处理,或者没有通过 Wish 审核后才会有记录显示出来。

三、申诉

如果店铺产品被判为仿品,若具备商标许可证、专利证明或版权所有权证书,可以进行相应的提交。

申诉地点如图 3-126 所示。

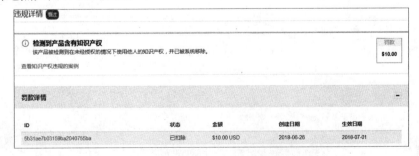

图 3-126　申诉地点界面

　　有两种途径可以进行申诉：一是提供相关品牌授权证明，二是编辑产品列表，如图 3-127、图 3-128所示。

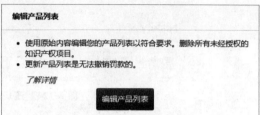

图 3-127　提供产品品牌授权　　　　　　图 3-128　编辑产品列表

本章习题

第三章习题

第四章

店铺优化

第一节　选品

选品

一、选品的市场定位

Wish 平台的选品一直是卖家关注的核心问题之一。从平台定位来看,Wish 更多侧重于低价值的快销品。从市场分布来看,Wish 主要针对的是欧美国家。从用户性别来看,Wish 平台大多数用户为女性。实际上,尽管女性是 Wish 平台用户数量的主力,但就购买力来说,男性要高于女性。因此,卖家应尽可能,了解用户需求。确定目标市场、产品定位及价格是选品时首要考虑的三大因素。

本节主要从市场对象和选品的方法与步骤两个角度分析 Wish 平台的选品思路及注意事项。

(一)市场对象分析

首先,通过市场调研及数据分析,从市场分布角度出发,以地缘界限为依据,可将目标市场对象初步划分。

1.北美市场

美国是 Wish 平台全球最大的市场。根据 Co.Media(可美亚)《2018 美国线上消费者行为报告》,按照年龄划分,美国的"80 后""90 后""00 后"已经成了网购的主要群体,约占美国网购人口的 50%。2017 年,美国大部分线上消费者年龄集中在18～34 岁。选品如果以受众范围为导向,可着重研究年轻人的产品市场。

Wish 平台如何选品?

就影响目标消费者购物方面来讲,表 4-1 列出了影响美国消费者网购的主要因素。由表 4-1 可知,产品价格、产品运费和运送时长是影响美国网购消费者的几个主要因素。Wish 平台主打低端消费市场,不建议在 Wish 平台销售价值或价格过高的产品。另外,尺寸、颜色的选择也是影响因素之一,美国消费者倾向于产品属性选择多的店铺,卖家可适当就尺码和颜色提供更多选择。再者,品牌形象在美国消费者选择意识里占有重要地位,而欧美消费者在购物时,个人需求的意愿大于个人喜好。因此,该类市场消费者在做选择时,更偏向于小而精的品牌。维护好产品形象和质量有利于自身的品牌管理,从长远的角度看,品牌形象对于业务后期的拓展将起到助燃剂的作用。

表 4-1　影响美国消费者网购的主要因素

因素	该因素对消费者的影响程度
价格	87％
运费价格和速度	80％
折扣促销	71％
库存中的颜色、尺寸等选择	71％
靠谱的评价	68％
方便退货/换货	68％
品牌形象	67％
简洁明了的网站购买途径	64％
手机端浏览网页方便	46％
积分换奖励活动	45％
亲朋好友推荐	42％
搜索引擎上排位高	39％
社交媒体的推荐	23％
广告	21％

　　选品的同时,产品的附加属性也很重要,根据《2018 美国线上消费者行为报告》,产品的图片和评论是影响美国线上消费者选择的两大重要因素(见图 4-1)。因此,建议卖家在上传产品的时候,尽量将图片精细化,但不可与实物差距过大,以免影响买家评论。

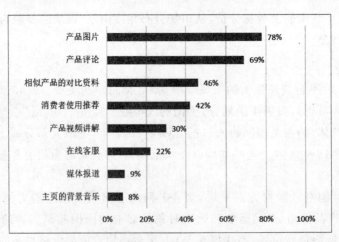

图 4-1　影响美国消费者线上购物的因素

　　另外,《2017 美国电子商务报告》数据表明,尽管移动端消费者逐年增长,但 36％ 的消费者表示,移动端难以找到自己想要的商品。卖家在选品的同时,"跟卖"是一种方式,真实的市场调研、需求的精准判断是做好选品工作的重要前提。

2.欧洲市场

(1)欧洲市场概述

欧洲是世界上发达国家最集中的地区,民众相对购买力较强。按地域特征可将欧洲分为西欧、北欧、中欧、东欧和南欧。其中,西欧、东欧(包括俄罗斯)和南欧人口较多,中欧为老龄化(65岁以上)增速最快的地区,北欧老龄化次之。同时,西欧是欧洲发达国家最为集中的地区,也是人口较为密集的地区,西欧的电商市场容量占整个欧洲电商市场的68.22%。因此,西欧市场是兵家必争之地。整体来看,世界主要跨境电商平台在欧洲市场的份额如图4-2所示。

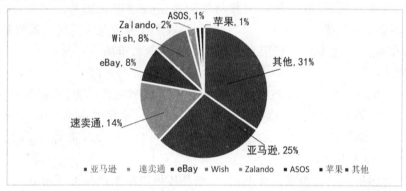

图4-2 零售商选择:2017年在线跨境消费

资料来源:京东研究院.跨境电商消费趋势报告[R].北京:京东研究院,2017.

截至2017年年底,Wish在欧洲的市场份额约为8%,排在亚马逊、速卖通和eBay之后,仍有较大的增长空间。

就西欧市场而言,时装及时尚产品是过去几年最受当地消费者欢迎的产品。泛欧洲地区的50%以上的消费者会购买衣服和鞋子等类目,超过1/3的网购消费者会购买电子产品。在英国,每三个电商消费者中就有一个会购买杂货类产品。而英国购物者网购杂货的概率是荷兰人、比利时人和法国人的2倍;在爱尔兰、挪威和希腊,40%的网购者会在网上购买长途旅游产品;在荷兰,超过82%的荷兰互联网用户会进行网购,服装是荷兰消费者网购的第一大类目。西班牙网购消费者更喜欢物美价廉的衣物类及低价配饰类产品。

(2)欧洲市场Wish用户规模增长最快的国家

2016—2017年,欧洲市场Wish用户规模增长最快的国家分别是:英国、德国、法国、西班牙。

①英国

根据Statista(商业数据平台)2017年的数据,英国网民最喜欢购买的非虚拟类产品占英国人网购消费额的比例为:衣服及体育用品占比56%,家居用品(包括家居、玩具等)占比50%,书籍杂志报刊(包括电子类)占比29%,食品杂货占比26%,电器(包括相机)占比25%。

②德国

2017年德国线上产品最佳销售品类：在线应用占比 42.5%，书籍占比 39.2%，电影票、戏剧票占比 36.1%，鞋子占比 32.7%，旅行类产品占比 32.3%，女装占比 30.4%，男装占比 27.6%，玩具占比 24.9%，音乐付费下载占比 17.2%。[①] 考虑到 Wish 平台不允许销售虚拟服务产品，Wish 卖家可将德国市场的选品集中在鞋子及男女服装上。

③法国

根据 Asendia 发布的截至 2017 年 6 月的数据，法国互联网普及率为 87%，智能手机普及率为 62%，移动端购物率为 15%。[②] 因此，尽管对于 Wish 来说，15% 的移动普及率的市场容量表现一般，但近几年法国移动端购物呈快速增长态势。因此，法国市场是 Wish 卖家不可错过的潜力市场之一。与此同时，衣服和鞋子是法国线上销售最为火爆的产品类型，食品、家居及花园绿植用品潜力巨大，呈现蓝海市场。

④西班牙

Statista 2018 数据显示，西班牙网上消费者购买较多的产品为：衣服类占比 48.5%，书籍、玩具、影音类占比 48.3%，电子产品类占比 43.4%，家用电器类占比 37.2%，鞋子类占比 35.8%，美妆个护类占比 28.6%，运动户外类占比 25.2%，宠物、花园用品类占比 24.4%，箱包配饰类占比 23.9%。

除了按照国家（地区）市场的标准划分，选品还可以按照产品类型划分，以此为标准，可分为禁售品、仿品、"灰色地带"产品和正常商品。与境内淘宝等平台不同，Wish 平台所售产品必须为实物，虚拟的服务类产品、购物卡或电子卡均不能在 Wish 平台出售。

除了仿品和禁售品之外，Wish 产品中还可以划分出一些"灰色地带"商品，介于许与不许之间。一般情况下，不建议 Wish 卖家销售。如内衣类产品、健康保健产品、政治相关产品、皮肤护理产品、齿轮类产品、孕妇相关产品、成人内容及产品、减肥产品、攻击性象征的产品、姿势矫正及身体矫正类产品、玩具武器或武器模型类产品、宗教物品。

正常商品是指除了上述三种情况以外，其他很符合双边法律并具有交易性质的实体产品。卖家在正常条件下选品时，可借助网络工具辅助选品，如易选品等。

选品的同时要注意产品价格。考虑到 Wish 是移动端购物平台，销售的产品价格普遍较低，选品时不建议选价值过高的产品。

（二）选品的方法和步骤

1.选品的方法

众所周知，Wish 是一个重产品、轻店铺的平台，该选什么样的产品销售是卖家时常讨论的一个话题，选品一直以来都是卖家需要解决的一个难题，在解决这个难题之前，要清楚知道选品的目的是为了什么。选品的目的在于更好地让你的商品在客户面前进行曝光，并且将其销售出去。那么怎么样才能够更好地将产品销售出去呢？同时，我们需要多

---

①　Statista. Have you bought the following products online within the last twelve months.［EB/OL］.［2018-06-14］.http://www.statista.com/statistics/451554/best-selling-products-in-e-commerce-in-germany/.

②　Asendia. 法国电商 10 件趣闻.［EB/OL］.［2017-06-14］.http://www.asendia.es/blog-noticias/10-cosas-que-no-sabes-sobre-el-e-commerce-en-francia/.

维度地去思考市场需要什么、客户想要什么。

我们先来谈谈选品的方法,选品方法有两种:站内选品、站外选品。站内选品更多介于平台自身的 APP,如 Wish、Geek、Mama、Cute、Home;站外选品更多介于其他的一些第三方平台进行选品,观察这些网站的消费群体情况。

2.选品的步骤

(1)站内选品

①通过 Wish APP 首页进行选品,直接通过关键词进行搜索,搜索后会有这类产品的总数量和产品显示,销售总数量越大,证明这类产品的市场竞争越激烈,如图 4-3 所示。

②站内选品步骤

首先,明确自己想要挑选的品类并在 APP 页面搜索相关产品,看产品销售数量。

图 4-3 Wish APP 首页选品

其次,看此商品是否有做海外仓(若未做海外仓,做这类型的商品的机会相对会比较大),如图 4-4 所示。

再次,看产品是否有小火苗,如图 4-5 所示,此商品有小火苗,表明现阶段该商品阅览量较高,并且是热品。

图 4-4 海外仓标识商品

图 4-5 热搜小火苗商品

最后，看客户留评点击功能栏上的 Product Rating（如果发现此商品最近一段周期内评价数较少，但销售数量较大时，可以判定此商品为近期热销产品），如图 4-6 所示。

（2）站外选品

站外选品主要平台有：其他跨境电商平台，如亚马逊、eBay、速卖通等；各类搜索引擎，如 Google Trends、Google Keyword Planner 等；第三方数据平台，如鹰数据、易选品、卖家网、牛魔王等；货源网站，如 1688、莱卡尼等。

卖家们通过这一系列的选品手段，寻找产品、分析产品，接下来我们就一一为大家做简要介绍。

① 通过其他跨境电商平台选品

以下以亚马逊平台选品为例进行介绍。

a.通过关键词搜索

在亚马逊首页通过关键词搜索你需要寻找的商品，搜索后的这类产品，总数显示越大，说明这个产品的市场竞争越激烈，如图 4-7 所示。

图 4-7 亚马逊热销产品

b.查看排名

在亚马逊前端点击"Department"，点击目标产品所在的细分类目，直接点击"Best Sellers"，如图 4-8 所示。

图 4-8 亚马逊 Best Sellers 产品

能提供我们参考的信息如下。

ⅰ."Best Sellers"（卖得最好的）：可以了解具体类目中，卖得最好的产品有哪一些。

ⅱ."Hot New Releases"（热门新品）：卖家可以知道现在最新、最热的产品有哪些。

分析商品推广可以结合的因素,如季节、节日、兴趣爱好、推广等,可以对热品有一个趋势判断。

ⅲ."Top Rated"(评价最高的):知道评价最高的产品有哪些,可以了解客户对于此商品的一个直观评价。

ⅳ."Most Wished for"(愿望清单):知道大家想要什么。

②搜索引擎

a.Google Trends（谷歌趋势）

Google Trends 的网站地址是 https://trends.google.com。其主要功能定位为:研究产品的利器,可通过查看关键词在 Google 的搜索热度及变化趋势,了解行业的整体趋势,如图 4-9 所示。

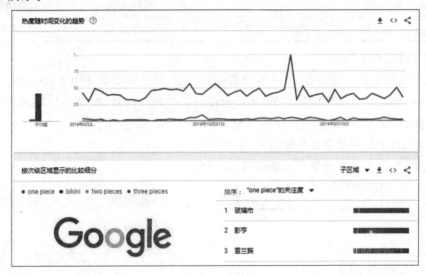

图 4-9 谷歌趋势

b.Google Keyword Planner(谷歌关键词规划师)

Google Keyword Planner 的网址为 https://adwords.google.cn/KeywordPlanner,其主要功能是通过 Google 搜索引擎的历史数据,更有效地对关键词进行深究,同时可以找到客户所关注的关键词。通过分析工具,将数据制作成表格。以睡袋为例,列出与睡袋有关的一系列关键词,可以通过搜索量来看对应的关键流量,再通过付费点击率了解关键词的市场优势,并可以反补选品时所需要对应产品的关键词,如表 4-2 所示。

表 4-2 Google Keyword Planner(谷歌关键词规划师)示例

Keyword(英文关键词)	Search Volume(搜索量)	CPC(每点击成本)	中文关键词
sleeping bag	33147	0.68 美元	睡袋
kids sleeping bags	9900	0.83 美元	儿童睡袋
sleeping bags for kids	6600	0.74 美元	儿童睡袋
down sleeping bag	2900	0.97 美元	羽绒睡袋
camping gear	33159	0.61 美元	野营装备

续表

double sleeping bag	4400	0.62 美元	双人睡袋
camping equipment	9900	0.61 美元	野营设备
girls sleeping bags	2900	094 美元	女孩睡袋
children's sleeping bags	2900	0.76 美元	儿童睡袋
cheap sleeping bags	1300	0.31 美元	廉价睡袋
backpacking sleeping bag	2900	0.72 美元	背包睡袋
sleeping bags for girls	2296	0.93 美元	女孩睡袋
sleeping bag sale	634	0.74 美元	睡袋销售
mummy sleeping bag	1600	0.76 美元	木乃伊睡袋

③第三方数据平台

第三方数据平台易选品在 2018 年以前应用广泛，其选品步骤如图 4-10 所示。

第 1 步：确定好自己要做的品类，直接通过商品栏进行搜索，如 Wind Coat（风衣）。

第 2 步：确定 Wish 上卖家所定的价格，如卖家价格≥8 美元。

第 3 步：看平台销量增长率较高的，如销量增长率≥10％。

第 4 步：再看商品评分数及上架时间，如评分≥4。

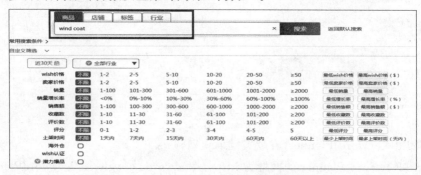

图 4-10 第三方数据平台易选品界面

第 5 步：按选定指令搜索出商品，可以通过选品工具链接 Wish 前端，看此商品是否符合上文所讲述的 APP 首页选品思路，如果符合，那么这个商品可以成为被选择的商品，并进行上架，如图 4-11 所示。

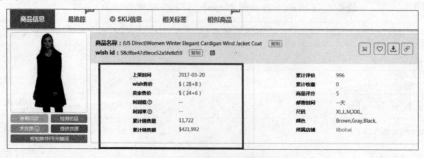

图 4-11 按指令搜索商品

④货源网站

以下以1688(阿里巴巴国内批发网站)为例进行介绍。

对跨境电商卖家来说,1688平台(https://www.1688.com)有两种功能,第一是可以让跨境电商卖家在上面进行选品,第二是成为跨境电商卖家最为核心的采购渠道,确保其出单后能够找到供货商。在1688平台选品的主要步骤如下。

第1步:首先通过搜索1688网址进入链接,并点击进入单独对跨境电商卖家开设的跨境专供区(http://www.kj.1688.com),如图4-12所示。

图4-12 1688(跨境专供)界面

第2步:图4-13所示均是可以选择的商家的商品,并且大部分做跨境电商的卖家也都是使用1688进行商品采购。

图4-13 1688(跨境专供)可选择商品

第3步:在选择商品时,可以参考搜索栏最右边的引导条,如海外代发、主题促销、热门行业等。如果卖家在选择产品时,选择了服装行业,可以选择一些大码的服装,会比同样只做小码服装的卖家更加有优势,如图4-14所示。

图4-14 引导条选品

只要店铺还在运营,选品的工作就不会停止,虽然选出来的产品未必都适合市场,但卖家会获得较多的选品经验。

第二节 数据分析

本节选取了 Wish 店铺常见的应用数据进行分析，这些数据包括产品概述、业绩查看与分析、店铺表现、物流表现、用户服务表现及仿品率等。通过后台数据分析，可以更加直观形象地了解店铺的运营状况。

数据分析

一、产品概述

产品概述又名产品数据概览，主要包括时长、上架产品总数、SKU 总数、单个产品的 SKU 数量、平均价格、平均运费、价格与运费比、每个产品的平均附加图片数、浏览数及成交总额。数据可以通过导出 CSV 的方式形成表格，以便更好地进行分析，如图 4-15 所示。这些数据便于卖家统计每周产品上传状况，检测产品及运费是否处于合理状态并及时调整相应数据。一般情况下，建议每个产品的 SKU 数量和平均附加图片数量大一些为佳。

产品数据概览　▶导出 CSV

时长	上架产品总数	SKU 总数	每个产品的 SKU 数量	平均价格	平均运费	价格与运费比	每个产品的平均附加图片数	浏览数	成交总额
08/06/18 - 08/12/18	5	896	.89	.44	.56	81	9.58	254,871	9.80
07/30/18 - 08/05/18	2	148	.92	.65	.59	83	9.37	121,133	3.70
07/23/18 - 07/29/18	8	704	.90	.73	.57	85	9.22	288,789	8.55
07/15/18 - 07/22/18	6	030	72	.97	.62	86	9.06	233,915	9.25
07/09/18 - 07/15/18	9	15	.32	.64	.88	85	8.71	262,512	5.95
07/02/18 - 07/08/18	9	4	65	.83	.98	84	8.64	298,910	3.00
06/25/18 - 07/01/18	2	2	.24	.43	.61	91	8.57	195,197	9.25
06/18/18 - 06/24/18	1	33	.74	.34	.51	97	8.57	133,036	30
06/11/18 - 06/17/18	5	47	.32	.50	.46	02	8.85	68,268	35
06/04/18 - 06/10/18	1	95	46	.17	.34	03	9.30	129,292	2.85
05/28/18 - 06/03/18	6	13	.70	.84	.18	05	9.35	84,757	3.20

图 4-15 产品数据概览

【例 4-1】 统计上架产品总数、店铺阅览量和成交总额（GMV），并通过表格形式清晰地展示店铺的动销情况，如图 4-16 所示。

日期范围	周期	上架产品总数	店铺阅览量	成交总额
04-30-2018	第42周	136	68,268	$77.35
05-07-2018	第43周	211	84,757	$163.20
05-14-2018	第44周	355	121,133	$103.70
05-21-2018	第45周	471	129,292	$102.85
05-28-2018	第46周	489	133,036	$120.30
06-04-2018	第47周	509	233,915	$259.25
06-11-2018	第48周	509	195,197	$259.25
06-18-2018	第49周	566	254,871	$229.80
06-25-2018	第50周	568	262,512	$175.95
07-02-2018	第51周	568	180,786	$178.55
07-09-2018	第52周	665	298,910	$323.00
07-16-2018	第53周	686	320,001	$424.35
07-23-2018	第54周	720	340,123	$625.20
07-30-2018	第55周	743	360,124	$626.60
08-06-2018	第56周	809	420,126	$628.85
08-13-2018	第57周	780	400,125	$710.45

图 4-16 店铺动销表现

通过图 4-16 的数据,形成如图 4-17 中所示的店铺动销情况图。在第 48 周、第 50 周、第 51 周产品数量没有增加的情况下,销售额并没有直接影响,但在第 52 周时,因为新品的增加,直接提高了销售额。所以在店铺日常的运营中,持续不断地增加有竞争优势的商品,将会大大提高店铺的销售额。

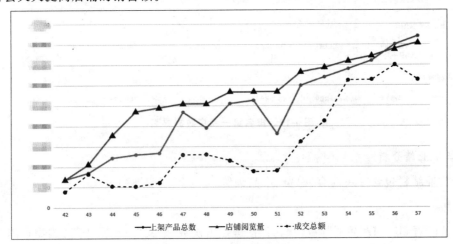

图 4-17　店铺动销情况

二、业绩查看与分析

（一）业绩查看

卖家在 Wish 商户平台的左上角的业绩栏里面可以找到店铺运营的相关状况及业绩,如图 4-18 所示。

图 4-18　菜单栏"业绩"

店铺"业绩"菜单栏中的数据,以周为单位,在每周三进行更新,在日常经营店铺过程中,卖家应该在数据更新后,第一时间查看店铺本周内的数据表现。

销售业绩一栏会给出两组数据,第一组为销售排名第一的商户,第二组为卖家商户。系统将在指定日期范围内自动统计数据并标明店铺产品的浏览数及"购买"按钮点击次数以帮助卖家分析业务进程。订单、结账转换率、成交总额可及时帮助卖家了解资金走向。

排名第一的商户数据,可以用来对比自己店铺的数据,从而了解自己店铺的情况,如图 4-19 所示。

图 4-19　排名第一商户数据界面

（二）业绩分析

销售业绩栏包含 3 块内容:总览、产品浏览、每个国家明细列表。

1.总览

可清晰看到店铺产品浏览量、"购买"按键点击次数"购买"按键点击率、购物车浏览数、结账转化率及成交总额,并可以通过点击产品详情查看产品具体信息,如图 4-20 所示。

图 4-20　总览

2.产品浏览

单个产品在该日期范围内所有的数据表现,可通过此数据进行观察,从而判断商品的优劣性,淘汰一些表现不佳的产品,如图 4-21 所示。

图 4-21　产品浏览

3.每个国家明细列表

对应目的地国家及对应国家的成交金额展示的数据为 3 个月前的数据(新店铺在刚开始运营时并不能看到此项数据),如图 4-22 所示。

总览	产品浏览	每个国家的明细列表		
数据会根据您的订单发送过04-22-2018 to 05-22-2018来计算				
目的地国家	成交总额		目的地国家	▾

图 4-22　每个国家明细列表

销售图表(见图 4-23)与用户服务图表(见图 4-24)可以反映一定周期内,店铺的销售数据、退款率、平均邮寄时间、平均包裹延迟时间等,平台通过折线图的方式呈现这些数据,卖家可更加直观地了解店铺的运营状况。

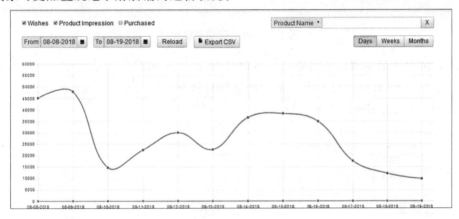

图 4-23　销售图表

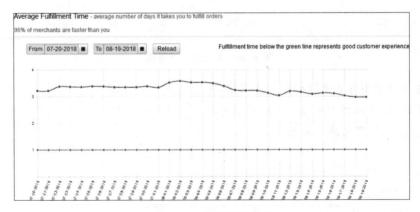

图 4-24　用户服务图表

店铺销售等数据通过一段时间的积累后,可通过后台查看后分析,以此提高店铺的转化率。

三、店铺表现

诚信店铺的内容与优势上一章有所涉及,达到诚信店铺的要求需同时满足仿品率、有效跟踪率、延迟发货率、30天平均评分、在63到93天内的退款率,获得诚信店铺标识可以给店铺带来更多流量和销量,符合Wish认证的商品将在首页被标记Wish认证标识,如图4-25所示。

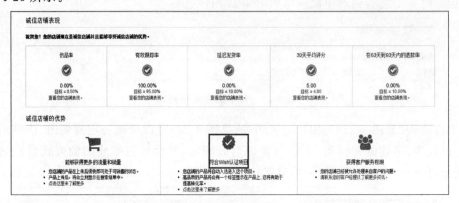

图4-25 诚信店铺表现界面

图4-26是未满足诚信店铺要求的店铺界面,图中店铺只满足了其中一个标准,即仿品率≤0.5%。Wish后台对卖家满足标准的项目做绿色钩号标识,卖家可通过后台及时查看店铺距离诚信店铺的数据差距。

图4-26 非诚信店铺界面

店铺评分主要有6个数据模块展示区:每周总计评分、每周店铺评分、店铺评分明细、每周产品评级、产品评分明细、国家评分明细。通过不同的时间和地区,帮助卖家把握产品销售周期、调整产品地区分布等,如图4-27所示。

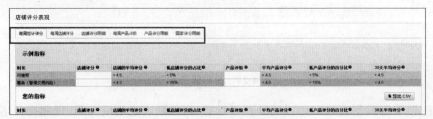

图4-27 店铺评分表现

每周总计评分可查看30天产品平均分排名,可通过最高评分产品及最差评分产品来判断店铺运营情况。当最高评分产品占比高时,说明店铺在比较良性地运作;当最低评分产品占比高时,说明店铺产品存在某些问题,问题主要集中在:产品质量、产品尺码、产品描述、物流时效等,如图4-28所示。

图4-28　产品30天平均评分排名

当店铺出现低于3.0分的评分时,应该多加关注该产品的目前情况,点击"查看最差评分产品",并点击"查看产品资料",如图4-29所示。

图4-29　30天内最差产品平均评分排名

产品表现包括:表现总览、产品展示的状态、成交总额和订单量、浏览量、退款、产品评级、产品反馈。重点关注"产品反馈",可以通过客户给予商品的评价来了解产品存在的问题。如图4-30所示,客户给予商品低分,均为尺码问题导致。

图4-30　产品表现界面

当店铺最热评产品评分过低时(见图4-31),应该多加关注此商品,做好充足分析,必要时为保证全店铺评分,应及时下架该商品。

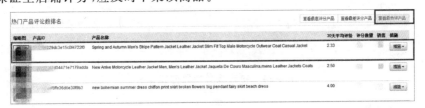

图4-31　热门产品评论数排名界面

四、物流表现

物流表现是后台数据分析的重要模块。首先,Wish平台规定,从用户下单到物流申报,必须在3天内完成。同时,从用户下单到确定订单履行,所有订单必须在5天内完成,若订单未在5天内履行,该订单将被退款并且相关的产品将被下架。

用户可通过后台的"物流表现"来评断包裹状况。如图 4-32 所示,浅灰色数据表明包裹处在"安全区",深灰色区域则是"警告风险区"。

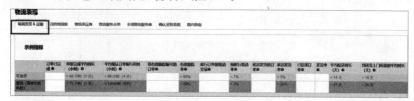

图 4-32　物流表现界面

选择物流服务商,以美国为例,物流渠道主要以 Wish 邮(官方)和 e 邮宝为主,退款率相对比较低,对于刚入 Wish 平台的卖家,选择使用 Wish 邮更为方便,如图 4-33 所示。

图 4-33　物流服务走势界面

在路向指南一栏,Wish 后台会通过物流走势、目的国物流等情况将整个物流链条的数据整合呈现,帮助卖家及时优化物流系统,确保产品妥投率。在物流表现条件项下,卖家可关注"物流服务商路向指南",该指南通过数据表格与数据分析将主要物流服务商的详细信息列出。卖家通过选择目的地国家进行条件筛选,最后选择最佳物流服务商,如图 4-34 所示。

图 4-34　物流服务商路向指南界面

五、用户服务表现

(一)用户服务重要指标

通过"业绩—用户服务表现"可进入卖家产品销售情况的直观界面,如图 4-35 所示。

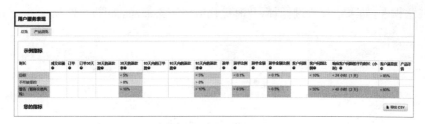

图 4-35　用户服务表现界面

第一个重要指标是"30 天的退款率",Wish 平台按照退款率数值将其分为 3 个等级:"目标"等级≤5%,"不可接受的"等级>8%,"警告(暂停交易风险)"的等级>10%。卖家后台退款率低于 5% 是正常的,如果退款率过高,店铺可能面临被强制暂停营业的风险。

第二个重要指标是卖家后台的退单率。退单率是指某个时段内退单的订单数量与收到订单总数的比值。退单情况包括系统退单、客户退单、商家退单。一般情况下,退单率低于 0.5% 是正常的。如果店铺退单率过高,店铺一样也要面临暂停营业的风险。退款表现主要是指退款率,退款率是计算在某个时间段内退款订单数占总订单数的比例。

Wish 根据两级退款政策进行考核,评估商户退款率的两项指标为 30 天退款率和 93 天退款率。需要注意的是,卖家需要同时在 30 天退款率及 93 天退款率两项指标上符合标准才能规避暂停交易的风险,如图 4-36 所示。

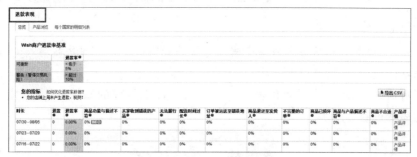

图 4-36　退款表现界面

(二)举例

【例 4-2】　在 7 月 1 日至 7 月 8 日内,商户 A 收到 80 个订单和 8 个退款。

因此,退款率 = 8/80 = 10%,在"不可接受的"等级范围内。

商户 A 会面临店铺被暂停的风险。

(三)卖家退款率高的主要原因

卖家退款率较高的原因主要有以下几个方面,卖家应针对自身情况及时规避风险。

(1)在购买时,项目完成延迟或缺货。

(2)客户要求退款。

(3)收件与下单件不符(错误的大小、颜色、项目)。

(4)商品到达时已损坏。

Wish 平台常见退款问题解答

(5)商品没有到达或到达时间过长。

用户反馈的信息将会展示在买家端,上文也已经提及,用户反馈会直接反映出客户对于商品的满意程度,如果评分数过低,需及时优化或者下架商品,如图4-37所示。

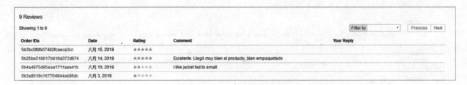

图 4-37 用户反馈信息

六、仿品率表现

Wish平台每周都会随机抽查卖家店铺内部分还未经过审核的商品,由此确定卖家店铺的仿品率,仿品率超过5%,店铺将失去诚信店铺的资格,如图4-38所示。

日期范围	经过审核的产品	搜到的侵权产品	申诉成功的侵权产品	产品被判为仿品	仿品率
08/17 - 08/18	0	0	0	0	N/A
08/16 - 08/17	11	0	0	0	0%
08/15 - 08/16	0	0	0	0	N/A
08/14 - 08/15	1	0	0	0	0%

图 4-38 仿品率表现界面

仿品率的计算公式为

当周被判仿品的数量÷当周审核的产品数量=当周仿品率

仿品率按周计算,每周更新一次。

卖家可通过Wish后台设置的品牌大学进行产品上传前的知识检测,一定程度上可以规避仿品率过高等问题。

第三节 产品优化

产品优化主要是指品牌授权及诚信店铺。卖家可点击页面进入品牌大学,了解品牌授权所需要上传的文件及诚信店铺标识获得过程。通过产品优化,卖家可以提升自身店铺竞争力,获得平台更多的流量。本节主要从控制仿品率、加入诚信店铺队列、使用PB权限及优化标签编辑等方面进行理论操作演示。

一、控制仿品率

诚信店铺是针对满足一定条件的商家给予的店铺荣誉及优惠政策。诚信店铺的一大优势是店铺所售产品可不需要被审核而先行直接销售,Wish平台后台会在销售过程中审核。

成为诚信店铺的前提条件是要求仿品率控制在0.5%以下。成为诚信店铺后,其产品更容易经Wish认证,产品经认证后会在前台图片上显示"Verified by Wish"标志,该标志对于买家将有更多的吸引力。经 Wish 认证的产品会有更多的浏览量和销量。获得这一标志的前提是店铺必须为诚信店铺且产品有客户的顶级评分,产品的退款率也必须处于较低状态。

二、标签和标题优化

(一)标签优化

1.概述

标签在 Wish 平台运营中起到了举足轻重的作用,在其他电商平台又称为"关键词",标签的作用是让买家能够更精准地搜索到你的商品,并且每个卖家在编辑产品时,最多能够填写的标签数量只有 10 个,Wish 平台的"瀑布流"推送方式,会根据搜索条件来增加标签,确保买家能够更精准地通过标签来选择商品。

2.标签优化的方法

(1)自定义标签优化

日常标签使用基本包括:大词(流量词+类目词)、精准词(产品类型+产品属性+修饰词+长尾词+节日词+季节词+场景词+小语种)。

一般在填写标签时,可以用到"二八法则",两个大词(主要选择类目词,单个单词),八个小词(主要选择精准词,建议单个或者两个以上)。在前期推送新品时,尽量多使用一些精准词,让所选的标签提高转化率,同时更好地被平台推送。

(2)平台标签推荐

填写标签时,平台会自动筛选出一些相关的词,这是平台通过长时间的统计所推荐的关键词,如图 4-39 所示。

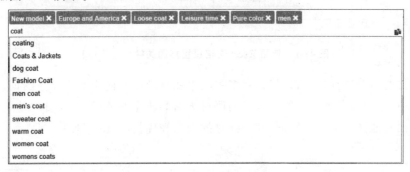

图 4-39　平台标签推荐

(3)根据产品表现进行优化

每个产品都有"生命周期"。一个商品销量的变化周期少则几个星期,多则 1～2 年,由于产品竞争、市场趋势、季节变化等原因,都会导致流量下降,订单减少,直至产品不出单。

对于产品的"生命周期",根据产品销售的不同阶段在选词方面有所不同:新品时宜选用精准词,出单商品宜继续使用精准词,订单提升宜使用精准词+流量词,爆款宜使用流量词。

(4)关键词验证

在使用关键词的时候,特别是在使用小词的过程中,我们可以将关键词拿到 APP 的首页进行搜索,尽可能地了解自己商品所选择的关键词能够出现在平台的第几页,从而来了解关键词的精准度。

（二）标题优化

1.概述

标题简称为"product name",直译为"产品名称",Wish官方希望商户能够相对清晰、简洁地填写产品名称。

2.举例

（1）可接受："Men Leather Jacket""Men Stand Collar Slim Coat""Locomotive Coat"。
（2）不能接受："Best Price!!!"" ＊＊ CHEAP ＊＊ freeshipping!""Baby Stroller!!!"。

一般我们在编辑标题时,可以将词类大致分为核心关键词、属性词和流量词,建议使用 Excel 表格设置标题,做成模版来进行编辑。我们将核心关键词分 3 个,属性词分 5 个,流量词分 3 个,通过表格自动生成标题,这样可以很有效地提高工作效率,如图 4-40、图 4-41 所示。

	核心关键词1	核心关键词2	核心关键词3	属性词1	属性词2	属性词3
请输入	women's	Plus size	Dress	winter	dress	round collar
自动生成		Plus size	Dress	winter	dress	round collar
	Women's	Plus Size	Dress	Winter	Dress	Round Collar
合成结果	Women's Plus Size Dress Winter Dress Round Collar White Chiffon Cute Female Dress					

图 4-40 使用 Excel 表格设置标题关键词模版(1)

属性词4	属性词5	流量词1	流量词2	流量词3
white	chiffon	cute	female	dress
white	chiffon	cute	female	dress
White	Chiffon	Cute	Female	Dress

图 4-41 使用 Excel 表格设置标题关键词模板(2)

在日常的运营过程当中,建议大家多去收集和整理一些使用率比较高的词,整理在同一个表格中,这样可以很有效地测试出词语对于商品转化率的影响,并且在使用表格工具时也能够很好地筛选出一些好词,利于标题的编辑和优化(见图 4-42)。

品名		颜色	领型	翻译
women dress	连衣裙	white	leopard	豹纹
women coat	大衣	black	patchwork	拼接
women jackets	夹克	orange	turn-down collar	翻领
women blouses	女式衬衫	pink	turtlencek	高领
women shirts	衬衫	purple	crew ncek	水手圆领
women tops	背心	yellow	hooded	带帽领
women tees	T恤	silver	mandarin collar	中式立领
women hoodies	帽衫	blue	square collar	方领
women sweatshirts	运动衫	violet	sailor collar	海军领
women intimates	内衣	gold	bow	围巾领
women leggings	打底裤	silver	ruffled	荷叶领
women pants	女裤	multi colors	double-layer	双层领

图 4-42 关键词收集

三、图片优化

众所周知,Wish 平台具有独特的推送方式及瀑布流的展示方式,客户在搜索商品时,最直观的就是观看到卖家的主图,因此,我们首先要按 Wish 的要求,将图片做成 800 像素×800 像素的图片,并且将产品的特点、功能尽可能地在图片中进行展示,将更多的信息通过图片传递给客户,从而在众多产品中脱颖而出。主图至关重要,接下来我们来介绍几种比较实用的图片处理方法。

(一)多款式展示

以服装产品为例,一件商品有多款颜色,一张主图就尽可能多展示些款式,如图 4-43 所示,客户一看就知道我们所卖的商品款式及颜色。主图拼接一定要整齐。

(二)产品特征展示

展示产品的独特性如图 4-44 所示,目标衣物款式、颜色、尺码都比较多,在做图片时需要将产品所有的颜色、尺码在图片里进行展示,并且用文字将多数颜色和多数尺码展示给客户,尽可能地在图片中将产品特征进行说明。

图 4-43　多款式展示　　　　　图 4-44　产品特征展示

(三)突出优势款

服装产品中款式较多,如图 4-43 所示,卖家主推的款式是紫色马甲,那么在主图制作中就突出了紫色马甲款,并且单款占据整个主图 50% 的空间。

(四)场景展示款

通过主图展示,以棉服为例,图 4-45 传递的背景信息为"寒冷的冬天",产品展示了内部材质,给人以保暖、舒适的视觉感。因此,使用适宜的图片场景能够传递更多的产品信息给客户。

(五)功能型产品展示

以 3C 类产品为例,图 4-46 展示了产品图

图 4-45　场景展示款

片,而图 4-47 更多地展示了产品的功能和特点。图 4-47 的展示效果优势高于图 4-46,功能性产品的展示应在固定空间内尽可能地展示功能和特点,向客户传递产品的主要竞争力。

图 4-46　未完全展示产品功能的图片　　　　图 4-47　完全展示产品功能的图片

通过对多个平台销售产品的对比,会发现境内外多数产品平台,大多数都是一个“卖图片”的平台。商品是否能够销售成功,图片展示起到了很大的作用。主图的设置在很大程度上会影响店铺的点击率和转化率,做好一张有吸引力的主图,对于提高店铺的销量至关重要。

四、详情页优化

(一)详情页优化的重要性

Wish 平台的详情页多为较简单的文字描述,在 Wish 店铺运营中也占据了重要地位,详情页的优化可以参考下列几个方向:对产品进行再次描述,产品功能更新,客户留评。一个好的产品描述,要清晰地将产品介绍得尽可能全面,产品描述可以从多个维度进行优化,如图 4-48 所示。

产品描述:
```
thickness: thin section
fabric name: cotton
applicable scene: sports
color: gray, dark blue
size: 3xl, 4xl, 5xl, 6xl, 7xl, 8xl
product category: men's casual suit
the content of the main fabric components: 85
jacket sleeve length: short sleeve
```

图 4-48　产品描述

📍 **注意事项**

- 产品描述均为英文,限制在 4000 个字符以内,手机应用端初始页面仅 250 个字符。
- 不可出现链接或“换行”等代码字符。例如,以下内容均不可出现。

http://detail.tmall.com/item.htm? spm＝a230r.1.14.9.65o7e7＆id＝35431300348＆ad.

'\n' Men's long sleeve Clothing Hoodies & Sweatshirts male Casual slim Zipper.

（二）详情页优化的描述

提高产品本身的竞争力，在描述中要做好以下几点。

(1)如果商品本身已经换过包装，可在详情中介绍下产品包装明细。

(2)突出产品特点，如颜色、材质、尺寸、性能。

(3)功能型产品，无论在子图中是否已经加入使用说明，建议在详情描述里再介绍使用方法。

(4)将不同内容分段落，确保每一段的内容都能够让客户看明白，且不要出现重复的内容。

(5)纹理流畅，条理清晰，言简意赅，尽量使用专业词语。

五、物流优化（海外仓规划）

（一）概述

与传统的境内电商相比，跨境电商面临着很多新的难题和挑战。退货问题不仅使卖家面临昂贵的运输成本，而且会影响店铺的运营数据；另一方面，送货的时效问题也成为物流痛点之一。因此，境内相当一部分的跨境电商卖家都会使用海外仓，即把货物运到当地仓库后，由当地仓库进行配送，以此节约时间成本，提升买家体验。严格意义上讲，海外仓是指为卖家在销售目的地进行仓储、分拣、包装及派送的一站式控制及管理服务。广义地讲，海外仓包括头程境内运输、海运或空运及清关等一系列过程。通常，海外仓的运作流程分为三步：①卖家—境内仓库，②境内仓库到海外仓运输，③海外仓库—境外买家。海外仓运作流程如图4-49所示。

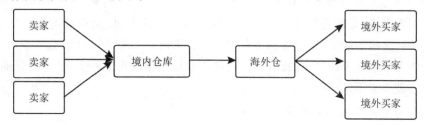

图4-49　海外仓运作流程

（二）海外仓主要针对的产品类型

海外仓主要针对以下几类产品。

(1)尺寸、重量大的产品或境内小包无法直达的物品，如大件家居、户外帐篷。

(2)带电、液体、粉末类产品，这类产品旺季清关难度大，配送时间长，易造成高退款率，如美容美甲产品。

(3)因偶发事件或节假日急需使用的产品，用户对这类产品的物流时效要求高，消费者相对愿意支付更高的运费以享受更快更便捷的物流服务，如修理工具、配件、聚会用品等。

(4)单价和利润高的产品，这类产品在境外市场销量稳定，通过海外仓可以进一步提升用户体验，降低退款率，从而获得更多市场份额，例如智能手表等。

(5)高人气的产品。所谓高人气产品是指通过数据分析出的(如 Google 检索热门词)eBay、亚马逊本地站点的高销量产品。当然,在数据分析基础上还需要考虑当地的目标客户群体、相关政策法规、文化习俗等。

根据往年销售情况来看,使用海外仓的效果是显而易见的,要在旺季打出自己的一番天地,需要有充足的备货,备货时间和备货量都是需要考虑的。

海外仓项目是 Wish 未来重点打造的一个方向,是 Wish 物流的发展重心。

(三)海外仓的作用

卖家在是否要选择海外仓的问题上,经常担心海外仓备货会占用大量的资金。即便如此,很多企业依然会坚持使用海外仓。海外仓主要有以下几点优势。

1.海外仓能够提升买家购物体验

从买家的角度来说,消费者的需求在发生变化,电商兴起之初,买家需要什么产品,首先会去货比三家,然后再去购买。而现在,当买家在某个平台或者某个店铺完成一次比较满意的购物体验,买家就很容易对一个平台或一个店铺产生品牌依赖。海外仓从当地直接发货,拥有与当地商家相同的空间、时间优势,所以卖家选择海外仓是一个高效的决策,不仅可以大幅提升买家的购物体验,也顺应了跨境电商市场的发展。

2.海外仓能够过滤竞争,突出产品优势

从平台运营者的角度来看,买家在发生购买行为时,如果在导航栏上筛选"配送在目的地国家"时选择了用海外仓发货的卖家,竞争对手瞬间就可能从几十万变成几万甚至几千个,因此海外仓有较强的竞争效果。

3.海外仓能够提高买家好评度

对于买家来说,海外仓配送不仅可以更快地收到快递包裹、全程查询物流配送信息,而且由于转运流程的减少,快递破损丢包率也大大下降。卖家则降低了退货率和差评率。账号的整体表现会显著提升,而提升之后的曝光质量肯定会更上一个台阶,良好的购物体验又能够促进买家第二次购买。

4.海外仓能够降低海关风险

对于卖家来说,海外仓头程运输采用传统的外贸物流方式,按照正常清关流程进口,大大降低了清关障碍,同时也突破了对运输物品的重量、体积、价值等的限制,扩大了运输品类并降低了物流费用。

(四)海外仓的费用

根据海外仓的三步运作流程,很容易可以看出海外仓的费用主要有:境内干线费用、头程费用、处理费用、存储费用、尾程费用、各种税金等。

1.境内干线费用

境内干线费用指的是商品从工厂或供货商处采购到商家自己的仓库这一过程中所产生的境内采购费用。

2.头程费用

头程费用指的是从中国把货物运送至海外仓地址这段过程中所产生的费用,包括运

费(空运、海运、装箱等费用)、清关费、报关费和其他费用等。运费通常按重量计算,起重一般为5千克。空运途径包括客机行李托运、普货空运和商业快递等。

3.处理费用

处理费包含入库费用和出库费用。

4.存储费用

存储费即仓储费,指的是使用仓库进行货物保存的费用,通常有淡旺季的区分。

5.尾程费用

尾程费用即当地派送费,也叫二程费用,指的是从海外仓投递到买家的过程中所产生的费用,即当买家对其产品下单后,由仓库完成打包并配送至买家地址所产生的费用。尾程费用根据目的国(地区)当地物流投递服务的价格标准计算,一般由第三方物流服务商给出(根据当地邮政或其他物流渠道的合约价+利润提成)。

6.各种税金

税金指的是货物出口到某国(地区),按照该国(地区)进出口货物政策而征收的一系列费用,该项费用不同国家(地区)有不同的收费标准,通常由关税和VAT两部分组成。清关费一般按单票数量计算。表4-3列出了常见的几个国家(地区)的税金计算方式。

表4-3　常见国家(地区)的税金计算方式

国家(地区)	税金	备注
英国	关税+VAT(value added tax,附加税)	关税=货值×关税税率 VAT=(运费+货值+关税)×20%
美国	关税	关税=货值×关税税率
澳洲	关税+GST(goods and services tax,增值税、消费税和服务费)	关税=货值×关税税率 GST=(运费+货值+关税)×10%
俄罗斯	关税+VAT	关税=货值×关税税率 VAT=(运费+货值+关税)×20%

【例4-3】 某公司有一批货件从中国杭州销往英国,需要走海外仓,每件产品2.5千克,总共有32件产品,合计80千克,大小总共1.8立方米。该批货件在英国仓存储60天,全程所需费用如下。

(1)境内干线费(杭州至深圳):1.0元/千克,即1.0元/千克×80千克=80元。

(2)头程费用:采用普通空运(0~100千克范围内,33.0元/千克),即33元/千克×80千克=2640元。

(3)处理费用:在英国仓,2.1~3千克的包裹收费4.0元/包裹,因此4.0元/包裹×32包裹=128元。

(4)存储费用:第一季(1~90天),每天2.8元/立方米,因此2.8元/立方米/天×2立方米×60天=336元。

(5)尾程费用:采用英国邮政Tracked 48,收费标准为22.9元/包裹,即22.9元/包裹×32包裹=732.8元。

(6)各种税金:由物流承运商负责,不确定。

因此，合计费用＝80＋2640＋128＋336＋732.8＝3916.8 元。

（五）海外仓注意事项

1. 设立海外仓的原则

市场需求量大的产品适合做海外仓，这是基本原则。长尾产品不适合海外仓，因为它会影响转化率。但究竟多大的市场规模是比较合理的这一问题需要卖家根据资金情况和周转率进行评估。

在做海外仓时，卖家需要关注单位时间内的总利润而不是单笔交易利润，卖家需要以发展的、全盘的角度来看待海外仓。总体来说，大多数产品的海外仓利润率都会远高于境内发货，这也是海外仓的优势所在。但这并不能说明海外仓利润不如境内发货的产品，就一定不能做海外仓。因为需要综合考虑海外仓的转化率，高转化率的产品同样可以通过海外仓实现更高的总利润。比如，一个产品从中国发货的利润率是 20%，海外仓发货的利润率是 10%，但海外仓的转化率却是中国发货的 6 倍。在同样时间内获得的总利润就是中国发货的 3 倍。所以不能只看利润率，而应计算整体成本与收益。

2. 海外仓注意事项

海外仓使用成本较高，也很容易因为产品问题、税务问题等问题而亏损。在严峻的形势下，海外仓卖家需要规避风险，以保证仓库、货物、税务的安全。下面提出几点建议。

（1）保证货物安全

一方面，收货要谨慎，只收税务合规的卖家货物，有的产品一定要有欧盟认证，具有合规的品质保证。锂电池、充电宝需要格外谨慎处理，低价值的产品要注意，要避免低价货物积压导致销毁困难。另一方面，为货物购买保险，运输途中货物容易出问题，譬如撞船、失火等，这些会造成比较大的损失。

（2）保证税务安全

欧美的税法征管体系比较完善，海外仓"跨国落地配"的操作模式，必须保证没有税务"尾巴"。如海外仓企业要备案，做好 VAT 信息收集备查、进口清关记录等。

（3）其他安全问题

除了产品和税务安全，用人、仓库周转等安全问题也值得重视。在用人管理方面，海外仓的管理以 3 名工作人员为佳，其中 2 名为主管，1 名为财务。用人过程中，如遇劳工纠纷等问题，一定要请专业律师解决。

货物的快速流转是海外仓利润的重要组成部分，如果吸收了很多大货物、慢销品、季节品的客户，又对客户新货的到货时间、数量不了解，稍有不慎可能就要爆仓。

另外还有效率问题，海外人工贵，学会提高仓库工作效率，能省一个人力，一年就能省几十万，该问题可以在流程上多做文章。

如果货物在海外发生退货，商品的发件国与接收国一致时，默认提供无理由退货服务。买家需在交易结束前提出退货（货物未被使用，不影响二次销售），退货费由买家承担，且退回原发货地。卖家需先向海外仓提出退货预报，并将商品寄到仓库，海外仓工作人员会将货物入库到库存中。卖家可以将无损的货物用于下次发货，或者将货物退运回国，也可直接弃货。卖家如有异议，可提出申诉。

当前,很多海外仓提供了各项优质服务,譬如,允许卖家退换货、对产品进行换标处理、重新打包等,让产品再次获得价值,最大程度避免货物损失。

第四节　产品引流

跨境电商站外引流即在交易平台以外的地方对目标产品进行线上和线下的营销与推广。

一、站外引流

站外引流的方式主要有线下引流、社交引流和精准引流。

(一)线下引流

线下引流即指通过线下品宣的方式来提高产品的知名度,该方式最常见的表现之一即展会。线下展会较多,单独的跨境电商类产品展会较少,线下引流基本上集中在每年的4月和10月的广交会与线下贸易展会进行。因此,该种引流方式流量尺度较广,精准性较低,常见于B2B的发展模式。

(二)社交引流

社交引流是跨境电商最常见的引流方式之一,即通过国际社交平台直接或间接地通过文字、语言、食品等与目标消费者建立强弱链接,以刺激目标消费者购买欲望的引流模式。常见的社交引流平台有:Facebook、Twitter、Instagram、YouTube 等。皮尤数据研究中心调查结果显示,Facebook 为使用范围最广的社交平台,其用户数量逐年增长,使用人群年龄跨度较大,如图 4-50 所示[①]。

产品引流

	Facebook	Pinterest	Instagram	LinkedIn	Twitter	Snapchat	YouTube	WhatsApp
8/5/2012	54%	10%	9%	16%	13%			
8/7/2012					14%			
12/9/2012		13%	11%		13%			
12/16/2012	57%							
5/19/2013					15%			
7/14/2013					16%			
9/16/2013	57%	17%	14%	17%	14%			
9/30/2013					16%			
1/26/2014					16%			
9/21/2014	58%	22%	21%	23%	19%			
4/12/2015	62%	26%	24%	22%	20%			
4/4/2016	68%	26%	28%	25%	21%			
1/10/2018	68%	29%	35%	25%	24%	27%	73%	22%

图 4-50　各大社交媒体引流数据

---

① 皮尤研究中心.社交媒体实况表[R].华盛顿:皮尤研究中心,2018.

1.Facebook

（1）Facebook 简介

Facebook 即脸书，是于 2004 年创立于美国的一家社交网络服务网站，目前该平台用户接近 14 亿，平台自带流量较多。

Facebook 作为内容类社交平台，内容是其平台营销的关键。与直接打产品广告不一样，Facebook 平台引流重点在于通过内容运营建立与客户的弱链接。因此，卖家在 Facebook 上引流的第一步为内容运营。

以宠物用品为例，宠物对欧美人有特殊的情感意义。在美国，有超过 75 个动物福利组织为动物提供生活服务。宠物情节不仅上升到家庭意义，更体现出人对宠物的社会关怀。因此，卖家在 Facebook 做宠物用品推广的过程中，应首先在内容上予以充实。比如，先由宠物的习性切入（此类运营文章较多，建议投放比例为 10%），进而快速切入宠物对各类生活产品的喜好，由此再"投其所好"地嵌入商品。同时要考虑欧美用户的社交习性，比如，欧美用户对广告投放有较强的不耐性，因此广告投放切忌刷屏霸屏。其次，欧美用户对产品的情感链接度要求较高，宠物用品广告在投放图片、视频的过程中要着重突出人与宠物和谐相处的主题。与此同时，还要利用 Facebook 的社交属性与用户进行互动，适时适量的信息反馈可以提高用户黏性。最后，内容、视频、图片的原创程度在很大意义上决定 Facebook 账号流量的多少。

近些年来，由于越来越多的卖家利用 Facebook 站外引流，导致目标消费者出现对广告的不耐性。全球电商协会《2017 美国电子商务报告》数据表明，2017 年，美国 Facebook 中 60% 的用户不会点击 Facebook 植入广告。相反，个性化的电子邮件社交促销反而能激起美国线上消费者的购买欲望。因此，卖家站外引流应采取多渠道、多种类的营销方式。

（2）Facebook 注册准备工作

Facebook 注册前，需要准备以下内容。

①注册人姓名。

②手机或者邮箱。

③登录密码。

④出生年月日。

⑤性别。

特别注意：请使用真实的身份信息注册，可使用中文或者拼音。

（3）Facebook 注册步骤

Facebook 注册首页为基础的账户注册，后台可以进行中英文切换，注册页面如图 4-51 所示。

图 4-51　Facebook 注册信息界面

如果已有账号，可以在上面直接进行登录，如图 4-52 所示。

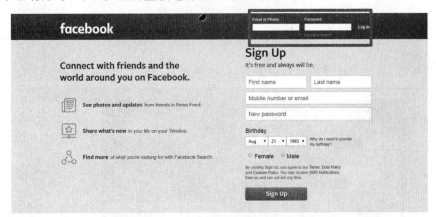

图 4-52　Facebook 登录界面

账号注册成功后会进入个人主页，能够看到日常会使用到的几个选项：动态消息、Messenger 及其他选项。可以通过动态消息及好友添加功能添加好友（潜在粉丝），如图 4-53所示。

图 4-53　Facebook 个人主页

进入个人主页可以看到 Facebook 提示你完善个人信息，如图 4-54 所示，比如，"你生活在哪个城市"？完善个人信息，可以让平台认为此账号使用者更真实，同时也更好地方便别的粉丝来关注你。

图 4-54　Facebook 个人信息界面

更改头像，可以直接对图片点击进行修改，或者在设置里面进行修改，如图4-55所示。

图 4-55　Facebook 头像修改界面

主页图片的更改。主页展示的图片可以根据你自己的喜好、兴趣、产品等来添加，在选择时，尽可能地选择一些清晰度、识别度高的图片，如图 4-56 所示。

图 4-56　Facebook 个人主页修改界面

小组的添加可查找你想找的对应的小组信息并加入，如输入"winter coats"来进行搜索，接下来卖家可以挑选一些和自己需要的内容重合度高的小组，如图 4-57 所示。

图 4-57 Facebook 小组添加界面

2. Instagram

Instagram，即照片墙。顾名思义，该社交平台是通过上传图片的方式进行信息沟通，支持信息评论、点赞、关注等功能。该社交工具使用门槛较低、使用时间碎片化、信息传播迅速化，是社交信息传播界的"快消品"。

Instagram 运营特点为不受时间地点限制，快速传播信息。所以 Wish 卖家可以借助此类平台上传产品图片或小视频，利用碎片时间进行推广。与 Facebook 不同的是，Instagram 文字传播信息较少，主要是图片传播，其直接广告作用力略低于 Facebook。但正因 Instagram 的碎片化和即时性，这给卖家提供了"概念植入"的机会，即选定时段、快速上传、多次重复、概念植入。通过选定流量易捕获时间段，采用品牌投入大于产品投入的营销策略快速进行品牌战略部署。

3. YouTube

YouTube 是国际知名视频分享网站，它将语言与国家（地区）的选项区分开，"语言"偏向于功能，即帮助所在国家（地区）用户使用母语获取信息。国家（地区）选项则适用于用户感兴趣的内容。一般来讲，YouTube 站外引流投入精力要比上述前两种方式更加耗费精力。首先，视频的制作需要一定的时间与精力，产品宣传的过程中，语言结构也要根据目标市场做特殊设计。

4. LinkedIn

LinkedIn 即领英，是目前全球最大的职业社交网站，用户人数超过 5 亿。其设立的目的是通过对自身职业和职位的系统描述寻找"圈内人"，建立链接，形成"人脉"。领英平台的站外引流主要集中在对创立者本人或者创立品牌的内容打造上。相对于 Facebook、Instagram、YouTube 来讲，领英的内容推广较为正式，频率较低。因此，对于关键性的品牌素材可以借助此平台进行站外引流。

综上，站外引流是跨境电商平台操作过程中较为重要的隐性因素，也是跨境电商发展过程中建立品牌模式的关键环节。从长远角度来看,卖家自有品牌管理将成为未来跨境电商大卖之间竞争的核心竞争力,而站外引流,尤其是社交营销,将是竞争环节中的核心部分。

5. 电子邮件

电子邮件也是一种站外引流方式。一般情况下,中国市场很少用电子邮件推送的方式来刺激中国消费者的购物欲望。一方面,中国市场商品种类繁多,竞争激烈。商家多采用微信、QQ、视频网站线上推送的方式来适应网购消费者的不耐性。另一方面,中国主要电商市场发展节奏快,目标群体使用电邮频率较欧美偏低。因此,电邮推送可能成为中国卖家忽视的重要营销渠道。下文以法国知名化妆品品牌 Yves Rocher(伊夫黎雪)为例。

首先,此品牌针对欧洲客户进行社交引流的推广方式为"个性化主题＋多频次＋固定频率"的邮件营销方式。如图 4-58 所示,以西班牙市场为例,伊夫黎雪每月会推送其会员用户 8 封电子邮件,每两封电邮的发送频率为相邻两天,发送时间为欧洲西部时间早上10:00－11:30 之间。按照西欧工作日程表,该时间段为上午茶茶歇时间(午饭时间为13:30－15:00),大部分女性工作者会选择在这一时段休息放松、浏览手机页面。因此,伊夫黎雪在精准捕获流量环节的措施是有效可行的。

图 4-58 伊夫黎雪邮件引流

其次,伊夫黎雪邮件推广题目采用关键词大写,或用感叹句、疑问句等吸引消费者的注意。这给中国卖家一个重要提示:在广告语中,细节上的大小写,甚至标点符号的运用在用户感知中发挥着重要的作用。仔细研究欧美企业电邮社交推广有利于自身品牌的流量提升,如图 4-59 所示。

图 4-59 伊夫黎雪邮件广告界面

再次,就推广内容来讲,伊夫黎雪充分考虑到了受众的不耐性,所以多采用图片、符号、数字等凸显优惠力度,将延伸内容通过链接的方式纳入"选读"范围。这在一定意义上可以降低消费者的邮件"取关率",维持住用户黏性,如图 4-60 所示。

图 4-60　伊夫黎雪邮件促销界面

（三）精准引流

站外引流的第三种方式为精准引流,即在分析好目标群体的前提下对客户进行深入分析并针对具体潜在顾客进行品宣导购。

二、站内引流

（一）站内引流工具 ProductBoost

众所周知,Wish 平台里的站内引流工具只有 ProductBoost,这是唯一一个能够通过付费来进行引流的工具。

ProductBoost(简称 PB)是 Wish 平台结合商户端数据与 Wish 后台算法,为指定产品增加额外流量的付费推广营销工具。PB 工具目前对所有类型店铺开放。目前参加 PB活动会产生费用,它是 Wish 平台唯一的付费流量工具,费用在下一个支付日从商户的账户当期余额上进行扣除。

使用 ProductBoost 可以增加产品的曝光率,以此增加店铺流量和销售。卖家可以根据店铺的运营状况选择使用 ProductBoost 功能。例如,卖家可从店铺中的热销产品着手,设置产品的关键词与竞价。需要注意的是,一旦促销活动开始,卖家将无法编辑产品信息,如果产品下架,卖家将面临罚款措施。因此在促销活动开始之前,卖家需谨慎考虑产品数据,尤其是产品数量。

接下来介绍 PB 操作方法及 PB 使用中的一些技巧。

（二）ProductBoost 操作方法

登录 Wish 后台,在首页菜单栏中点击"ProductBoost",进入下拉选项,点击创建活动,在 PB 里有两种创建活动的方式,智能版和常规版,如图 4-61 所示。卖家也可以直接通过链接 https://www.merchant.wish.com/product-boost 进入 PB 活动的创建。

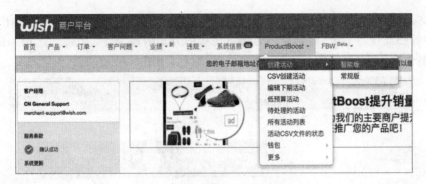

图 4-61　PB 创建活动入口界面

1.PB 智能版操作方法

PB 智能版是 Wish 平台产品推广的 2.0 版本，为了更方便地让卖家进行 PB 活动的创建，只需要设置产品、预算和推广时间。两个版本在流量分配逻辑上没有差别，版本之间也没用使用顺序上的优先次序，接下来，先以智能版进行讲解。

（1）进入创建活动界面以后，点击菜单"智能版"，开始活动设置，如图 4-62 所示。活动设置中的活动名称是一个自定义名称，可以是数字、文字、字母等符号，自定义的名称以区别多项 PB 活动，最好通俗易懂，能方便 PB 活动管理，如图 4-63 所示。

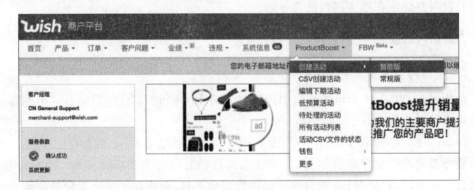

图 4-62　智能版 PB 创建活动界面

图 4-63　PB 活动设置界面

店铺优化 第四章

（2）接下来是活动时间安排，包括开始时间和截止时间，如图4-64所示。需要注意的是，开始的时间是在系统默认时间的一周内进行设置，而活动运作时长从开始时间到截止时间至多4周，且开始时间和截止时间是以太平洋标准时间来计算。同一个时间内，卖家最多能运营100个PB活动，但同一个产品不能同时出现在同一个活动时间内。选中图4-64中的"完成后更新"复选框，方便卖家在截止时间后自动循环创建PB活动，直到卖家自动取消。如果想对完成后更新内容了解更多，可以点击"了解更多有关循环更新的信息"。

图4-64　活动时间安排界面

（3）完成活动时间安排设置后，下拉页面开始选择促销产品。每一个PB活动中，最多可以推广200个促销产品，只需将产品的ID填入其中，系统就会自动匹配对应产品，添加产品只需要点击"添加其他产品"，如图4-65所示。

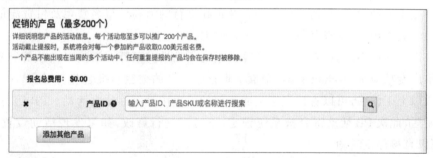

图4-65　选择促销的产品界面

（4）完成促销产品设置后，下拉页面开始设置本次活动的推广金额。本次推广的金额是PB活动中卖家愿意支付的PB费用，又简称为广告费，预算的设置额度不可以超过你能够设置的最大额度。如果需要设置更高的预算，可以通过ProductBoost进行余额充值，如图4-66所示。

图4-66　PB推广金额界面

（5）想了解自己能够花费的最高金额，可以查看总花费的计算公式，如图4-67所示。

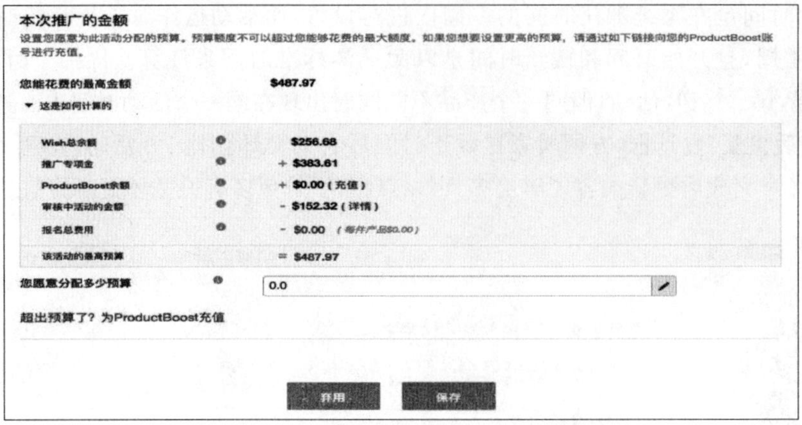

图 4-67　花费的最高金额计算界面

①Wish 总余额：商户当前账户余额。在下个付款周期将会支付给商户的金额。

②推广专项金：商户的部分待确认余额可在创建活动中使用。第一次创建 PB 活动未被确认金额足够的情况下，最高可透支 200 美元。

③ProductBoost 余额：账户充值余额。

④审核中活动的金额：商户的新活动及正在进行的活动的报名费用及付费流量费用。

⑤报名总费用：产品报名费按产品个数收取。

⑥该活动的最高预算：系统自动计算出来的活动最高预算。活动最高预算＝Wish 总金额＋推广专项金＋ProductBoost 余额－审核中活动的金额－报名总费用。

完成以上工作后，可以直接点击页面底部的保存按键保存此次活动。PB 活动在计划时间开始后，此次 PB 活动将会被系统锁定，不可以进行修改，如果发现活动设置中出现问题，可以直接停止活动。

2.PB 常规版操作方法

此版本是 Wish 平台最开始使用的 PB 版本，常规版本和智能版本最大的区别在于，常规版本在促销的产品选择中需要自己添加关键词和竞价，其余内容均相同。接下来的内容，针对常规版"促销的产品"一栏做一下简单介绍，如图4-68所示。

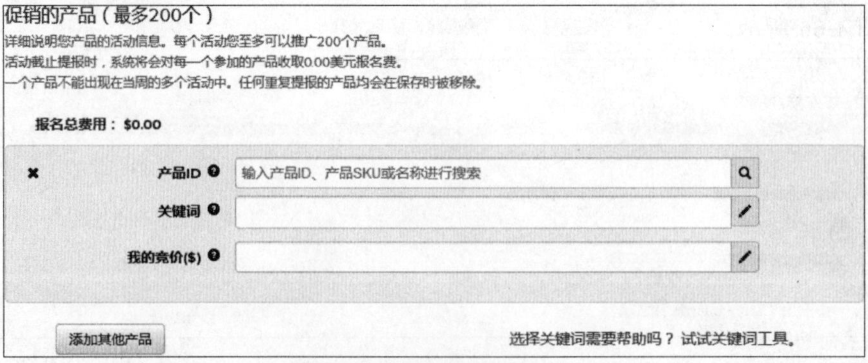

图 4-68　FB 常规版"促销的产品"界面

（1）产品 ID

将自己需要做 PB 活动的商品 ID 产品 SKU 或名称填写进去。

可接受："5b24b03b98136b2be76d8d0d"。

不能接受："h♯zjsd""gf2％＆＊347"。

（2）关键词

与产品相关的关键词列表。相关关键词数量控制在 1～30 个。每个关键词最多 50 个字符。关键词的选择会直接影响 PB 活动的流量，这里的关键词和产品上传时填写的标签可以区分开来，关键词可以通过 PB 内部关键词工具、平台前端热搜关键词、其他平台热门关键词、第三方数据工具中的 PB 关键词工具（付费）等多种方法来进行选择。

可接受："nike""shoes""basketball""sports""white""iphone""phone case" "iphone 6""iphone 6s""iphone 7""fashion""phone accessory""black""APPLE" "popular case""smartphone case""full protection""Luxury"。

不能接受：超过 50 个字符的超长关键词。

（3）我的竞价

这是指卖家愿意为每 1000 付费流量支付的费用。最高竞价为 10 美元，最低竞价为 0.3 美元。例如，输入"0.3"表示愿意以 0.3 美元换来 1000 流量。前期在做 PB 活动时可以用最低竞价来做产品测试。

可接受："＄2.99""7.99"。

不能接受："＄4.99＋S/H""＄10.99"。

智能版和常规版的 PB 活动对每个卖家都很重要，并且在推广新品的时候，可以将两个版本的 PB 活动结合起来一起做。

（4）CSV 创建活动：在 ProductBoost 栏选择 ProductBoost CSV 创建活动，此功能是让卖家能够通过表格形式批量创建 PB 活动，如图 4-69 所示。

图 4-69 CSV 创建活动界面

（5）进入 CSV 创建活动后，点击下载 CSV 文件模版，如图 4-70 所示。

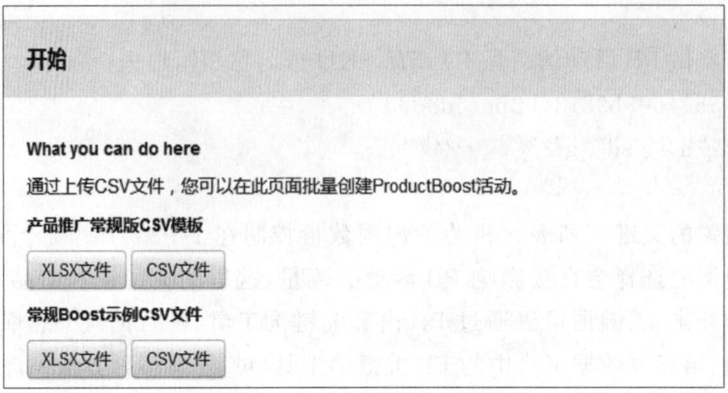

图 4-70　CSV 文件模板下载界面

(6)通过下载文件模版，输入活动必填的信息，包括活动名称、活动预算、产品 ID、关键词、竞价、是否自动开始下一周期活动、活动开始时间、活动截止时间。

在表格中填写活动名称(Campaign Name)、活动预算(Budget)、产品 ID(Product ID)、关键词(Keywords)、竞价(Bid)、是否自动开始下一周期活动(T/F Auto Renew)、活动开始时间(Start Time)、活动截止时间(End Time)，在表格上传时一定要按照 Wish 给到的标准格式进行表格上传，尽量减少出错，防止表格上传失败，如图 4-71 所示。

Campaign Name	Budget	Product ID	Keywords	Bid	Auto Renew	Start Time	End Time
Campaign 1	100	aaf308eabf2cfe731828	tch,light witch,switch for amazon	1	T	YYYY/4/D	YYYY/4/D
Campaign 1	100	f5373636338eb793d31	car,Magic track,Magic toy,led car	2	T	YYYY/4/D	YYYY/4/D
Campaign 1	100	ef7158a4b113813a943	e wallpaper,Wall Stickers Murals	0	T	YYYY/4/D	YYYY/4/D
Campaign 1	100	f0950028d39c8009418	p,opel,car number light,vauxhall	2	T	YYYY/4/D	YYYY/4/D
Campaign 1	100	ef521aa571117625547	faucet,glow faucet,kitchen faucet	0	T	YYYY/4/D	YYYY/4/D
Campaign 1	100	ef2158a4b112813a870	coffee,coffee capsules,Coffee Pod	0	T	YYYY/4/D	YYYY/4/D
Campaign 1	100	0f225f02bf3a2dd55e55	ffuser,humidifier,purifier,led light	0	T	YYYY/4/D	YYYY/4/D
Campaign 1	100	0f248212e1393f983ae9	wheel,wire brush,polishing wheel	0	T	YYYY/4/D	YYYY/4/D
Campaign 2	200	f2921aa5711b56255b9	Lenses,samsung galaxy s8 cover	0	T	YYYY/4/D	YYYY/4/D
Campaign 2	200	0f2bce45ce40cd814fd56	pad,phone charger,fast charger,qi	0	T	YYYY/4/D	YYYY/4/D
Campaign 2	200	f78a954639939dabfa	Head,Kids Toy,Kids & Baby	0	T	YYYY/4/D	YYYY/4/D
Campaign 2	200	f0413b0bd11621eb543	ofer,Tv Accessories,hifi soundbar	0	T	YYYY/4/D	YYYY/4/D
Campaign 2	200	0f30c3fb703703c11e1b	ablet cushion,Pillows,book holder	1	T	YYYY/4/D	YYYY/4/D

图 4-71　CSV 表格填写

(7)填写完表格后，还要看下店铺内能够花费的最高金额有多少，考虑到是表格批量上传活动，如果超出最高金额的预算，活动就进行不了，因此一定要做好 PB 活动的充值工作，如图 4-72 所示。

图 4-72　批量活动总花费金额

(8)将填写完成的表格进行 CSV 文件上传,如图 4-73 所示,上传时要注意"分隔符"的选择,"分隔符"是你在填写 Keywords(关键词)的时候所用到的分隔符号。

图 4-73　CSV 文件上传

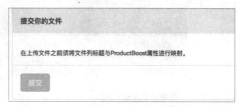

图 4-74　提交 CSV 文件

(9)完成表格上传后,最后进行提交,如图 4-74 所示。

📍 **注意事项**

• 若想为多个产品创建活动,相关产品 ID 以下信息需保持一致:活动名称、活动预算、是否自动开始下一周活动、活动开始时间、活动结束时间。

• 每个产品 ID 的竞价/关键词可不一致。

• 设置活动时间内,单个产品 ID 只允许存在于一个已开启的活动中。

• 确保账户拥有足够的余额来覆盖所有活动预算。

(10)编辑下期活动时,在 ProductBoost 栏选择"编辑下期活动",提前为下一期 PB 活动做准备工作,如图 4-75 所示。

图 4-75　编辑下期活动界面

(11)管理 PB 活动需要填写的内容包括:活动名称、状态、循环更新、活动类型、活动 ID、产品 ID、开始时间。管理 PB 活动可以定时发布,一般在节假日之前提前准备好 PB 活动计划,能够很有效地提高工作效率。管理 PB 活动和待处理的活动相结合,当编辑好下期活动后,可以在待处理活动中找到,如图 4-76 所示。

图 4-76　PB 活动管理界面

(12)在 ProductBoost 栏选择所有活动列表,可以查看你所有的 PB 活动效果。如图 4-77所示。

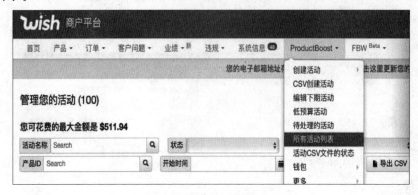

图 4-77 所有 PB 活动列表菜单

(13)PB 所有的数据表现都能够查看,包括活动名称、状态(正在运行或超过截止日期)、活动 ID、预算、费用、付费流量、订单、成交总额、花费与成交总额之比、开始时间(太平洋时间)、结束时间(太平洋时间)、是否循环更新、活动选择的版本等。在 PB 数据里,花费与成交总额之比越低,那么这次 PB 的效果越好,如图 4-78 所示。

活动名称	状态	活动ID ▾	预算	费用	付费流量	订单	成交总额	花费与成交总额之比	开始日期(太平洋时间)	结束时间(太平洋时间)	循环更新	智能版	活动操作
zzw-1-1 3-02	正在运行	5c8e03a968048a278d1075dd	$20.00					6.29%	03/20/2019	03/27/2019			编辑 添加预算 重置 停止
zzw-1-1 3-001	正在运行	5c8defd2c990b80c6fde343a	$50.00					16.80%	03/20/2019	03/27/2019			编辑 添加预算 重置 停止
zzw-1-1 3-001	超过截止日期	5c87cc961cb98f5a996a592f	$50.00					9.13%	03/14/2019	03/20/2019			重置

图 4-78 查看所有 PB 活动状态

(14)点击活动 ID 查看单个 PB 活动的表现,一次 PB 活动的数据决定了这次 PB 活动的好与坏,如图 4-79 所示。单从这次活动信息不难看出,总花费 61.46 美元的广告费,换来了总成交 445.74 美元,花费与成交总额之比达到了 13.79%,还算是不错的 PB 活动。

产品 ID	产品名称	关键词	要价	平均CPM	总费用	总计付费流量	订单	成交总额	业绩
280215171dbcd350	5 Color Party Fashion New W...	mom shirt, blouse for women, long sleeve shirts for women, t shirt women, tops for women, women top, funny t shirts for women, plus size, shirts for women, blusas femininas	$0.31	$0.31	$61.46	198,248	46	$445.74	查看

图 4-79 单品 PB 效果

(15)单品进行 PB 活动所使用的关键词、竞价对应的流量等信息显示在产品的表格里,特别在日常运营中,要想做好 PB,需要在关键词、竞价上不断地尝试,也可以测试不同的效果,如图 4-80 所示。

关键词	要价	平均CPM
mom shirt, blouse for women, long sleeve shirts for women, t shirt women, tops for women, women top, funny t shirts for women, plus size, shirts for women, blusas femininas	$0.31	$0.31

图 4-80 单品关键词及竞价

(16)点击"业绩查看"或者点击第二栏"每日表现",可以看到 PB 活动的总流量图,不断地测试产品,卖家可以通过曲线图来查看不同时间产品发生的变化,如图4-81所示。

①—曲线:产品在店铺中的总浏览数。

②—曲线:PB 活动中通过付费的方式转化出来的流量。

③┄曲线:这段周期内总的订单数。

④┄曲线:店铺的成交总额。

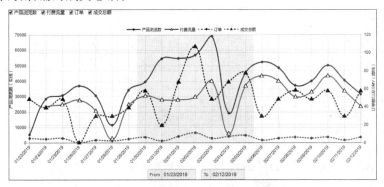

图 4-81　单品 PB 活动每日表现

(17)在曲线图下方有对产品的每日统计数据,数据分为活动前一周、PB 活动内的一周及 PB 结束后的一周,总共为 3 个周期产品数据,卖家可以参照这份数据,对选定的 PB 产品进行分析,通过 PB 前后产品的流量及订单转化的数据测试此次 PB 效果,如图4-82所示。

日期	产品浏览数	总费用	付费流量	订单	成交总额	花费与成交总额之比	每一千浏览量的订单	每一千浏览量的成交总额
01/23/2019	5,177	无相关信息	无相关信息	5	$48.45	无相关信息	0.9658	$9.36
01/24/2019	26,386	无相关信息	23,641	4	$38.76	无相关信息	0.1409	$1.37
01/25/2019	30,785	无相关信息	24,753	5	$48.45	无相关信息	0.1624	$1.57
01/26/2019	36,821	无相关信息	27,763	0	$0.00	无相关信息	0	$0.00
01/27/2019	30,625	无相关信息	20,617	3	$29.07	无相关信息	0.098	$0.95
01/28/2019	11,442	无相关信息	2,105	2	$29.07	无相关信息	0.1748	$2.54
01/29/2019	34,000	无相关信息	23,833	4	$38.76	无相关信息	0.1176	$1.14
01/30/2019 - 活动开始	39,498	$9.41	30,359	6	$58.14	16.19%	0.1519	$1.47
01/31/2019	54,338	$8.67	27,974	2	$19.38	44.74%	0.0368	$0.36
02/01/2019	54,568	$8.68	27,986	7	$67.83	12.80%	0.1283	$1.24
02/02/2019	56,683	$9.19	29,648	11	$106.59	8.62%	0.1941	$1.88
02/03/2019	68,970	$12.28	39,629	5	$48.45	25.35%	0.0725	$0.70
02/04/2019	19,173	$1.77	5,694	7	$67.83	2.61%	0.3651	$3.54
02/05/2019 - 活动结束	45,484	$11.46	36,958	8	$77.52	14.78%	0.1759	$1.70
02/06/2019	52,230	无相关信息	43,543	3	$29.07	无相关信息	0.0574	$0.56
02/07/2019	48,479	无相关信息	40,009	5	$48.45	无相关信息	0.1031	$1.00
02/08/2019	37,228	无相关信息	29,838	6	$58.14	无相关信息	0.1612	$1.56

图 4-82　单品 PB 活动每日统计

(18)在产品统计里,可以看到产品在 PB 活动内的数据表现。PB 操作中可以单个产品参加活动也可以多个产品参加活动,前者可以定义为主推单连接,后者可以定义为测试产品,活动结束后主推测试出效果的产品,如图 4-83 所示。

图 4-83　PB 活动中产品的统计数据

（19）系统自动会生成本次活动的总费用和费用明细，卖家可以根据发票中所显示的金额核对结算时的金额，发票费用按周为单位进行结算，系统会根据整周来统计费用，如图 4-84 所示。

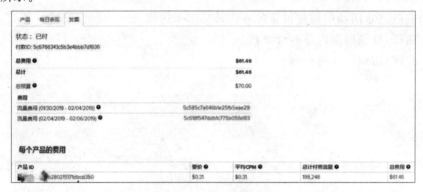

图 4-84　发票详情界面

（20）在 ProductBoost 栏选择"钱包"，查看 PB 余额状态，如图 4-85 所示。

图 4-85　ProductBoost 余额菜单

当显示 PB 余额不足时，可以对 PB 进行充值，如图 4-86 所示。

PB 的充值是通过第三方工具进行的，如Payoneer、UMPay、PayPal。如果卖家通过UMPay 进行充值，则不需要注册 UMPay 账号，可以直接使用微信或者境内银行卡充值，如图 4-87所示。

图 4-86　ProductBoost 余额显示界面

图 4-87　支付提供商确认界面

(21)上文中提到,要做好一个 PB 活动,关键词的选择比较重要,"关键词工具"是 Wish 通过平台自身的关键词搜索热度提供的热搜词库,每周进行更新,如图 4-88 所示。

图 4-88 关键词工具菜单

关键词统计数据分为关键词、可能到达率、预估竞争性、建议竞价。关键词统计数据出自平台自身,对于卖家有很大的参考价值,一般卖家在选择关键词时可以选择可能到达率和预估竞争性热度不同的词,如图 4-89 所示。

关键词	可到达率	预估竞争性	建议竞价
airpods	非常高	高	$0.91
iphone	非常高	非常高	$0.71
sex toys for females	非常高	高	$0.75
iphone x	非常高	高	$0.82
dresses for women	非常高	非常高	$0.7
free	非常高	高	$0.65
smart watch	非常高	非常高	$0.82

图 4-89 关键词统计数据

举例说明,选择关键词时,如果可能到达率显示"非常高",那么在选择"预估竞争性"时可以选择"中等"的词,这样的选择方式能够得出热度相对较高的词语,竞争也不是很激烈,作为卖家可以将这些词语通过表格形式进行整理,方便后续挑选。

(三)爆款打造前需要考虑的问题

(1)开始推 PB 时需要考虑为什么要做 PB。

(2)使自己的产品在更短时间内适应市场。

(3)使自己的产品获得更好的评价。

(四)PB 的运营关键

(1)选品一关键词一竞价。

(2)不精准的流量宁愿不要,竞争大的关键词不适合新品。

(3)首图无法吸引点击量的产品不要做 PB。

(4)先检查关键词的竞争环境、竞争产品数量,再决定 PB 策略。

(五)PB 的选品思路

(1)其他平台获得成功的产品。

(2)流行趋势,有大量需求的季节性产品。

（3）平台没有的产品，对用户来说新颖的产品。

（4）质量和价格有竞争优势的产品。

（5）高价值产品更要玩 PB。

（六）PB 关键词

（1）Wish 后台 PB"关键词工具"可参考上文 PB 关键词工具内容介绍，可通过表格将优质关键词收集起来备用，如图 4-90 所示。

图 4-90　PB"关键词工具"具体信息

（2）选择 Wish 前端关键词不光可以用单词，也可以使用词组，如图 4-91 所示，搜索"shoes"时，会出现与搜索词有关的词组，这些词组由平台推荐，此类词组也可以在 PB 活动中进行测试。

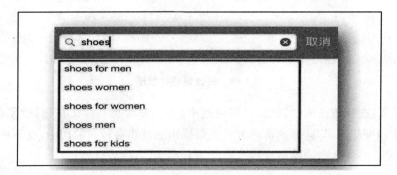

图 4-91　前端搜索关键词

（3）第三方关键词搜索工具可以通过市面上的第三方平台，如卖家网、海鹰数据、牛魔王中提供的 Wish PB 关键词工具来查看关键词，如图 4-92 所示。

图 4-92　第三方关键词搜索工具

（七）PB 竞价设置

（1）第一周，可以用低价进行测款。

（2）第二周，参考第一周 PB 的效果，如果效果一般但觉得产品很好，可以再测试一周；如果效果好，可以提高 PB 的竞价。

（3）第三周，参考 PB 的效果，若效果明显则继续使用原有关键词测试，并保持竞价；如果发现第三周因为调价导致转化下降，应及时下调竞价。

以鞋子品类为例，选择好关键词，使用 0.5 竞价来对产品进行测试，测试结果花费与成交总额之比都比较低，这样的测试结果相对较好。

本章习题

📖 第四章习题

第五章

实用工具

工欲善其事,必先利其器。想要运营好 Wish 店铺,那么利用一些第三方工具可以帮助卖家提高工作效率,获得更好的工作业绩。下面将介绍市场调研分析工具、产品美工工具、仿品检测工具、ERP 工具和物流查询工具等五类较为常用的工具。

第一节　市场调研分析工具

在 Wish 平台的运营过程中,利用智能、准确、高效的数据化分析工具,分析市场需求和竞争情况,几乎可以视为运营跨境电商的第一步。目前行业内能抓取 Wish 平台数据的工具包括海鹰数据、超级店长、米库、卖家网等。此外还可以利用 Google Trends、Facebook 等进行市场调研。下面将以米库、Google Trends、Facebook 等三个具有代表性的工具为例进行介绍。

一、米库

米库网属于广州市锐酷信息科技有限公司旗下产品,专注于跨境电商大数据分析,提供跨境电商各个平台(目前主要支持 Wish 和亚马逊)的大数据服务,帮助跨境电商卖家通过大数据进行高效选品,通过数据和运营支持提升销量,更快更高效地抢占全球市场。

登录米库网(http://www.malllib.com),点击"米库-WISH"模块,点击"注册体验",输入注册信息完成用户注册。目前米库提供免费会员、月费会员和年费会员三个不同等级,不同账户的功能区别及收费情况如图 5-1 所示。米库为单点登录系统,仅允许一台电

图 5-1　米库会员等级及收费情况

脑上的一个浏览器单独使用。如果两台电脑或者两个浏览器同时使用同一个账号,则前一位登录的用户会被强制下线。

　　注册完成后,用会员账号和密码登录后,就可以进入米库用户后台首页,后台界面如图 5-2 所示。从图中可知,该工具主要包括行业统计、潜力产品调研、产品热榜、海外仓产品热销榜、店铺热榜、我的跟踪、PB关键词、产品调研、店铺调研、标签调研、用户调研、工具箱、我的账户等主要功能。这些功能可以帮助 Wish 卖家比较全面地了解行业信息,分析竞争对手状况,从而使卖家能够在市场调研分析的支持下,找到切入的目标市场和产品。下面对米库的部分功能进行介绍。

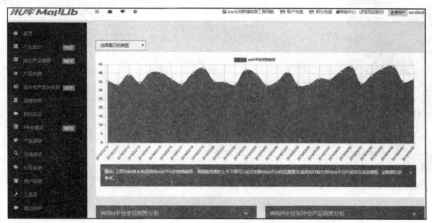

图 5-2　米库会员后台情况界面

　　在选择具体产品之前,需先确定合适的细分行业。行业统计中的数据可以给卖家很多重要的参考信息,帮助卖家选定合适的细分行业作为切入点,也为卖家合理规划产品线提供了依据。行业统计支持对一级类目和二级类目进行筛选,比较维度包括产品总数、产品平均价格、周销量增长值等主要指标,如图 5-3 所示。一般建议从商品数量、销售增长率等多个角度进行分析,选择在售商品数量较少、销售增长率较高、商品销量较好、销售额较大的类目。在确定了一级类目后,二级类目的选择可按同样的方式进行筛选。

类别名	产品总数	产品平均价格	今日产品销量	昨日产品销量	日销量增长值	日销量增长率	本周产品销量	上周产品销量	周销量增长值	周销量增长率	操作
Jewelry	48804	4.698	66433	66433	0	0	72017	431265	-359248↓	-83.30%↓	🔍
Necklaces	91169	4.571	52250	52250	0	0	59028	337368	-278340↓	-82.50%↓	🔍
Rings	63983	4.943	47991	47991	0	0	52438	320700	-268262↓	-83.70%↓	🔍
Analog Watches	43185	13.423	38507	38507	0	0	41212	245170	-203958↓	-83.20%↓	🔍
Bracelets	44366	4.691	26015	26015	0	0	27472	159077	-131605↓	-82.70%↓	🔍
Kids Toys	30343	9.944	24053	24053	0	0	22050	157391	-135341↓	-86.00%↓	🔍
iPhone Cases	45235	6.228	23323	23323	0	0	22460	147046	-124586↓	-84.70%↓	🔍
Tools	43518	12.814	21314	21314	0	0	25568	134934	-109366↓	-81.00%↓	🔍

图 5-3　行业统计界面

在市场调研过程中,除了对行业进行分析了解行业细分品类的在售商品数、成交及行业动销情况等的现状及趋势外,还可以通过工具从商品维度进行分析。米库提供潜力产品调研、产品热榜、海外仓产品热销榜、产品调研等多个维度的数据对商品进行深入分析。如产品调研(见图5-4)可以根据用户需求,对总销量、评论、上架时间、收藏数等参数进行分析,同时支持通过日期、性别等两个维度进行数据分类对比。这些指标也是目前各个平台卖家选品参考的一个重要依据,依据近期销售的增长情况来判定这个产品未来能不能成为爆款、是否值得快速进入。

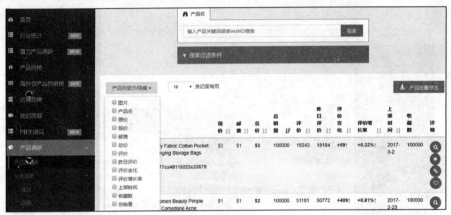

图5-4 产品调研界面

标签调研也是米库的重要功能之一,如图5-5所示。标签调研中相关热度、相关评价、相关总售额等参数展示的是所有卖家使用这个标签的数据。

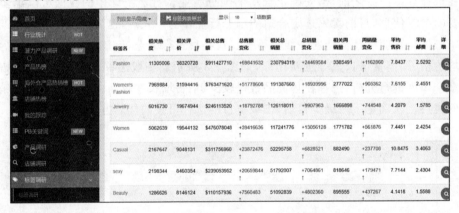

图5-5 标签调研

选择任意一个标签名,点击进去即可以查看标签详细、Tag趋势信息、相关产品信息和相关Tag信息等,如图5-6所示。用户可以通过相关周销量、上周相关周销量及相关总销量变化等数据找出热门标签,通过变化率发现新的热门标签。变化率越高,相关热度较高,相关评价也较多,说明这个产品是最近比较热门的。

标签详细 | Tag趋势信息 | 相关产品信息 | 相关Tag信息

Jewelry

使用热度：使用Jewelry标签的产品的数量

标签	Jewelry
使用热度	6016730
相关评论数	19674944
平均价格	\$4.21（美元）
平均邮费	\$1.58（美元）
相关周销量	1666898.0
上周相关周销量	922350.0
相关周销量变化	744548.0
相关周销量变化率	81.00%
相关总销量	126118011

图 5-6 标签详情

另外，米库支持从用户角度进行分析调研，包括用户调研、用户标签调研及用户收藏夹调研 3 个子模块。如用户标签调研(见图 5-7)展示用户标签名称、标签相关用户数、标签相关产品数、用户数/产品数、性别比重及年龄分布等数据，有利于卖家根据用户爱好和浏览习惯进行统计分析用户购买趋势。

10 条记录每页

用户标签名称	标签相关用户数	标签相关产品数	用户数/产品数	平均权重	男性占比	女性占比	80后占比	90后占比	操作
Fashion	9587333	11305006	0.8481	40.32	33.02%(3166032)	66.86%(6409958)	27.40%(2626715)	60.27%(5778179)	
Women's Fashion	7320755	7969884	0.9186	78.14	4.15%(303639)	95.72%(7007400)	24.98%(1828751)	61.56%(4506878)	
Jewelry	3778633	6016730	0.628	46.39	12.43%(469578)	87.44%(3303863)	20.98%(792744)	66.66%(2518996)	
Women	4838412	5062639	0.9557	36.67	4.03%(194928)	95.84%(4637074)	23.42%(1133040)	64.28%(3110232)	
Gifts	196785	2223310	0.0885	9.25	31.94%(62855)	67.90%(133610)	23.63%(46509)	61.60%(121229)	
sexy	2115252	2198344	0.9622	26.20	3.86%(81644)	96.01%(2030878)	27.82%(588519)	59.66%(1261873)	
Casual	2207776	2167647	1.0185	10.54	63.51%(1402225)	36.39%(803407)	34.44%(760350)	53.36%(1178134)	
Dress	4114040	2136109	1.926	34.25	3.96%(163008)	95.92%(3946164)	23.55%(968940)	65.85%(2709177)	
case	826456	2039859	0.4052	42.34	21.05%(173950)	78.84%(651616)	15.12%(124962)	73.84%(610277)	
leather	1044823	1914526	0.5457	7.19	53.45%(558483)	46.45%(485274)	35.13%(367043)	49.53%(517508)	

第 1 页（总共 18,188 页） 跳转

图 5-7 用户标签调研

二、Google Trends

谷歌趋势(Google Trends)是 Google 推出的一款基于搜索日志分析的应用产品，它通过分析 Google 全球数以十亿计的搜索结果，告诉用户某一搜索关键词各个时期下在 Google 被搜索的频率和相关统计数据。谷歌趋势能清晰地显示人们对什么东西感兴趣。

卖家可以利用该工具进行产品开发、标签优化等。

首先,通过 Google Trends 可以帮助卖家进行新品开发。打开谷歌趋势的主页,假设搜索关键词"Fragrances",如图 5-8 所示,这里可以对国家(地区)、时间、所有类别等维度进行选择。

图 5-8　输入关键词

以"Fragrances"为例搜索,得到图 5-9 所示趋势图,数字代表相对于图表中指定区域和指定时间内搜索热度的区间。

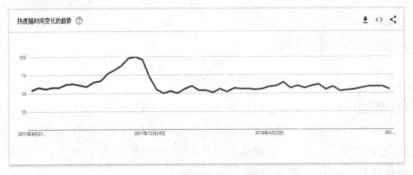

图 5-9　热度随时间变化趋势

由于没有参照物,用户也无法知道这个产品热度到底什么样,这时候可以选择添加一个对比项产品进行对比,如图 5-10 所示。

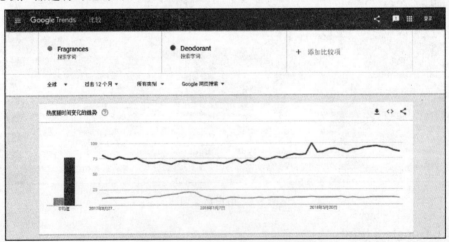

图 5-10　热度随时间变化趋势对比

不同国家(地区)搜索量自然不同,图 5-11 的数据主要分析了区域搜索量。从关键词搜索量排行可以看出,通过谷歌搜索关键词"Fragrances"最多的区域为南非,牙买加仅次

于南非。那么,由此在一定程度上也可以预测出
"Fragrances"品类在全球各区域的受欢迎程度,
相应地我们可以参考品类热度排名靠前区域来
开发产品。

图 5-12 可以看到"相关主题"的数据。该数
据是根据主关键词自动延伸出的相关关键词的
热度,这些关键词与主关键词有很强的关联性且
更加详细精准。图中就关键词"makeup"搜索了
美国过去 30 天的热度数据,发现关联词中出现

图 5-11　按区域显示热度

的"chaos makeup"这一关联词,直接反映了当下美国市场化妆品的热度情况和产品需求,
值得卖家追踪。

图 5-12　相关主题查询界面

此外,在开发产品的过程中,还可以利用谷歌趋势的主页查看到近期的社会热闻和近
期的搜索热词,如图 5-13 所示。根据热点信息进行产品开发,打造爆款,尽可能找热度持
续时间较长的热点(如美国大选、世界杯等),否则容易出现产品还未开发完毕,热点已经
过去的尴尬情况。

近期热搜字词 随时掌握最新的热搜字词			
Leonard Bernstein	100万+次搜索	Patriots	10万+次搜索
Kyle Pavone	50万+次搜索	college football	10万+次搜索
Twitch	20万+次搜索	Aaliyah	5万+次搜索
Steelers	10万+次搜索	COLLEGE FOOTBALL Schedule	5万+次搜索
Little League World Series 2018	10万+次搜索	Curtis Harper	5万+次搜索

图 5-13　近期热搜词界面

其次,通过 Google Trends 可以优化标签。以关键词搜索"eye shadow"为例,选择目标国家美国,时间为最近 60 天,下载"eye shadow"关键词"相关查询"并进行排序后,得到如图 5-14 所示的 Excel 表格数据,表格反映了"搜索热度"和"飙升率"的排名。排名反映了词语的热度及用户的使用频率和习惯,也就是说这些词语是用户在 Google 上最常用的热词。

三、Facebook

Wish 的社交流量来源主要还是 Facebook,占比高达 79.3%。在本书第四章产品引流中介绍了利用 Facebook 社交工具进行引流的方法,此外也可以利用 Facebook 进行选品。

首先,卖家可以通过 Facebook 的粉丝专页获得有价值的信息以指导选品。Wish Facebook 的粉丝专页部分截图如图 5-15 所示。粉丝专页的影

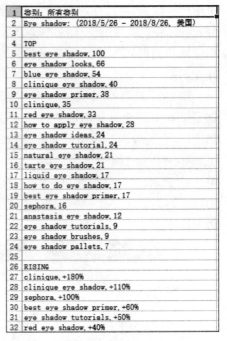

图 5-14 "搜索热度"和"飙升率"排名

响力可以说是不错的。作为全球性的社交平台,Facebook 里面聚集着粉丝的各种吐槽、意见及想法等,如 Wish 粉丝专页每天推的产品,大多都有上千的赞、成百的留言和分享,这些信息可以为卖家选品提供方向。

图 5-15 Wish 的粉丝专页

其次,可以添加购物达人小组或者垂直类目相关的兴趣小组,分析境外买家在网络上讨论的都是哪些产品,如图 5-16 所示。记录小组内近期的新奇产品或者该产品的相关元素。同时也可以关注一堆热爱生活、喜欢分享的人,留意他们谈论的内容和发布的图片,

或者一些新奇有趣的零售概念,思考有哪些产品可以满足他们的需求、哪些产品可以让他们兴奋。

图 5-16　Facebook 兴趣小组

第二节　产品美工工具

随着入驻 Wish 平台的卖家越来越多,平台开始从野蛮发展阶段,向深耕运作、精细化运营方向发展。打开 Wish APP,消费者第一眼看到的是产品主图,其次才是价格、海外仓、认证产品等标识。因此,消费者在 Wish APP 上浏览产品时是以图片为导向的。优质的图片可以提高产品点击率,增加产品的竞争力,而且差异化的主图也更容易被 Wish 推送。因此,掌握优化 Wish 产品图片的基本技能在店铺的运营中非常重要。Wish 运营常见的图片处理工具包括美图秀秀、光影魔术手、Photoshop 和 Adobe Illustrator 等,下面选择其中两种具有代表性的工具进行简单介绍。

一、Photoshop

Adobe Photoshop,简称"PS",是由 Adobe Systems 开发和发行的图像处理软件,是美工在产品图片制作中使用频率最高的软件之一,熟练使用该软件是从事电商美工工作工作的必备技能。Photoshop 的版本很多,其中 Photoshop CC(Creative Cloud)是 2013年 7 月 Adobe 公司推出的新版本,该版本在 Photoshop CS6 功能的基础上,新增了相机防抖动、Behance 集成、Creative Cloud(创意云)等功能,并改进和提升了 Camera Raw、图像采样和属性面板功能。截至目前,Adobe Photoshop CC 2018 为市场最新版本。以下以 PS CC 2018 为例进行介绍。

（一）Photoshop CC **工作区域**

Photoshop CC 工作区域如图 5-17 所示。

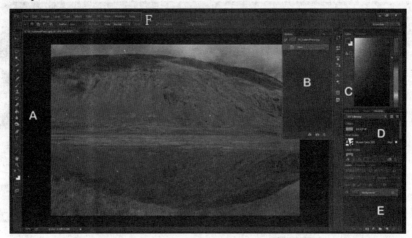

注：A—工具面板，B—历史记录面板，C—颜色面板，D— Creative Cloud 库面板，

E— 图层面板，F—菜单栏。

图 5-17　Photoshop CC 工作区域

Photoshop
学习与支持
中心

工具面板位于窗口左侧，是工作界面中最重要的面板，几乎可以完成图像处理过程中的所有操作。通过控制面板可以进行颜色、编辑图层、新建通道、编辑路径和撤销编辑等操作。菜单栏包含 Photoshop CC 中的所有命令，由文件、编辑、图像、图层、选择、滤镜、分析、视图、窗口和帮助菜单项等组成。

PS工具基础操作指令如表 5-1 所示，在实际操作过程中会涉及更多操作，表格中展示的是部分操作方式。

表 5-1　PS 工具基础操作指令

序号	功能名称	指令	序号	功能名称	指令
1	取消当前命令	Esc	26	自由变形	Ctrl＋T
2	工具选项板	Enter	27	增大笔头大小	"中括号"
3	选项板调整	Shift＋Tab	28	减小笔头大小	"中括号"
4	获取帮助	F1	29	选择最大笔头	Shift＋"中括号"
5	剪切选择区	F2/Ctrl＋X	30	选择最小笔头	Shift＋"中括号"
6	拷贝选择区	F3/Ctrl＋C	31	重复使用滤镜	Ctrl＋F
7	粘贴选择区	F4/Ctrl＋V	32	移至上一图层	Ctrl＋"中括号"
8	显示或关闭画笔选项板	F5	33	排至下一图层	Ctrl＋"中括号"
9	显示或关闭颜色选项板	F6	34	移至最前图层	Shift＋Ctrl＋"中括号"
10	显示或关闭图层选项板	F7	35	移至最底图层	Shift＋Ctrl＋"中括号"
11	显示或关闭信息选项板	F8	36	激活上一图层	Alt＋"中括号"

序号	功能名称	指令	序号	功能名称	指令
12	显示或关闭动作选项板	F9	37	激活下一图层	Alt＋"中括号"
13	显示或关闭选项板、状态栏和工具箱	Tab	38	合并可见图层	Shift＋Ctrl＋E
14	全选	Ctrl＋A	39	放大视窗	Ctrl＋"＋"
15	反选	Shift＋Ctrl＋D	40	缩小视窗	Ctrl＋"－"
16	取消选择区	Ctrl＋D	41	放大局部	Ctrl＋空格键＋鼠标单击
17	选择区域移动	方向键	42	缩小局部	Alt＋空格键＋鼠标单击
18	将图层转换为选择区	Ctrl＋单击工作图层	43	翻屏查看	Page Up/Page Down
19	选择区域以10个像素为单位移动	Shift＋方向键	44	显示或隐藏标尺	Ctrl＋R
20	复制选择区域	Alt＋方向键	45	显示或隐藏虚线	Ctrl＋H
21	填充为前景色	Alt＋Delete	46	打开文件	Ctrl＋O
22	填充为背景色	Ctrl＋Delete	47	关闭文件	Ctrl＋W
23	调整色阶工具	Ctrl＋L	48	文件存盘	Ctrl＋S
24	调整色彩平衡	Ctrl＋B	49	打印文件	Ctrl＋P
25	调节色调/饱和度	Ctrl＋U	50	恢复到上一步	Ctrl＋Z

（二）PS 的关键概念

1.选区

（1）选区方法

Photoshop 选区（见图 5-18）的作用，一是创建选区后通过填充等操作，形成了相应的形状图形；二是用于选取所需的图像轮廓，以便对选取的图像进行移动、复制等编辑操作。Photoshop 提供了单独的工具组，用于建立栅格数据选区和矢量数据选区。若要选择像素，可以使用选框工具或套索工具。可以使用"选择"菜单中的命令选择全部像素、取消选择或重新选择；若要选择图像的颜色，可以使用魔棒工具，单击图像中的某一种颜色，即可将与这种颜色邻近或不相邻且在容差范围内的颜色都选中；要选择矢量数据，可以使用钢笔工具或形状工具，这些工具将生成名为路径的精确轮廓，也可以将路径转换为选区或将选区转换为路径。

（2）Photoshop 选区需遵循的条件。

①选区是封闭的区域，可以是任何形状，但一定是封闭的。不存在开放的选区。

②选区一旦建立，大部分的操作就只针对选区范围内有效。如果要针对全图操作，必须先取消选区。

2.图层

Photoshop 图层就好像是将一张张透明片堆叠在一起，如图 5-19 所示。可以透过图层的透明区域看到下面的图层,还可以更改图层的不透明度以使特定部分透明。使用图层可以在不影响整个图像中大部分元素的情况下处理其中一个元素。通过对图层的操作,可以创建很多复杂的图像效果,例如将多个图像组成复合图像,在图像上加入文字,或加入向量图像形状,或者也可以在图层上套用图层样式,加上阴影或者光晕等特殊效果。

图 5-18　Photoshop 选区

图 5-19　Photoshop 图层

二、Adobe Illustrator

Adobe Illustrator,常被称为"AI",是 Adobe 公司推出的基于矢量的图形制作软件,主要应用于印刷出版、海报书籍排版、专业插画、多媒体图像处理和互联网页面的制作等,据不完全统计,全球有 37% 的设计师在使用 Adobe Illustrator 进行艺术设计。

Adobe Illustrator
学习与支持中心

(一) Illustrator CC 工作区域

Illustrator CC 中文版工作区界面如图 5-20 所示。

注:A—菜单栏,B—工具面板,C—选项卡式文档窗,D—面板组,E—图像窗口。

图 5-20　Illustrator CC 界面

菜单栏,位于工作区顶端,由文件、编辑、对象、文字、选择、效果、分析、视图、窗口和帮助菜单项组成。工具面板,位于工作区左边,包含各种操作工具,是工作界面中最重要的面板,如图 5-21 所示。面板组(右边)包括属性、层和其他面板,包含各种各样的处理图像的控件。文档窗口(中间)显示你当前工作的文件。多个打开的文件显示为选项卡文档窗口。

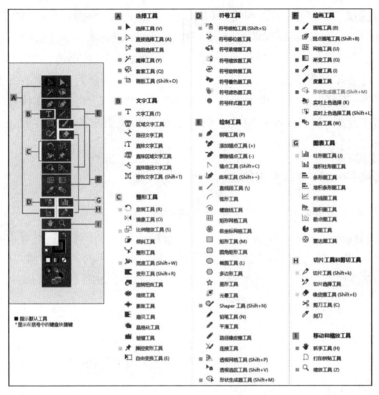

图 5-21　Illustrator 工具箱示意

(二) Illustrator 中的重要概念

1.矢量图

AI 的主要处理对象是矢量图,这也是和 PS 的最大区别。矢量图,也称为面向对象的图像或绘图图像,在数学上定义为一系列由线连接的点。矢量文件中的图形元素称为对象。每个对象都是一个自成一体的实体,它具有颜色、形状、轮廓、大小和屏幕位置等属性。

2.路径和锚点

严格来说,矢量图仅由点线面组成。而其中,面是封闭的线。所谓路径,其实就是指 AI 中的线——仅仅是线,描述它的形状和走势,不包括颜色、粗细等任何要素。而锚点则是路径上的点,一般来说用于控制形状,如图 5-22 所示。

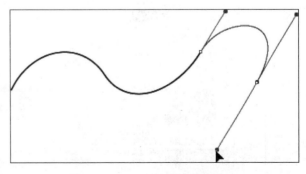

图 5-22　Illustrator 路径和锚点

第三节　仿品检测工具

仿品就是侵权产品，包括关键词侵权（如名牌、敏感词等）和图片侵权（如有品牌图标、名模、关键部位马赛克、模糊处理等），或侵犯版权、商标和专利等其他方面的知识产权。在 Wish 平台上出售侵权产品或是仿品，轻则产品下架、罚款，重则冻结账户。因此，卖家学会自查产品是否侵权很重要。卖家在产品上架前除了认真学习商户后台品牌大学相关知识产权政策外，还可以利用辅助工具进行仿品检测，部分 ERP 工具支持在产品上传前进行一键检测。此外，卖家也可利用搜索引擎工具及相关数据库进行检测。下面介绍几种常见的检测工具。

一、百度和 Google 等搜索引擎

（一）直接搜索品牌名称、品牌商标或品牌标签

如果商品图像或列表文本中含有品牌名称、品牌商标或品牌标签，则可以利用百度和 Google 等搜索引擎直接搜索品牌、品牌标志或标签。图 5-23 的产品示例，从百度的搜索结果中可以知道 MAC 是一个流行的化妆品品牌，搜索结果如图 5-24 所示。

图 5-23　口红品牌产品示例

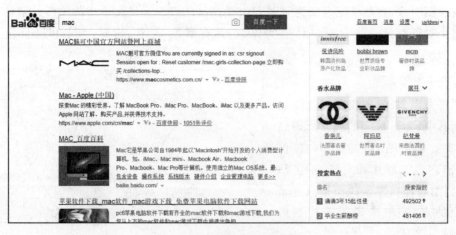

图 5-24　利用百度进行搜索

如果产品的图片并未展现品牌名称、商标或标签,则可以检查其标题及描述。

（二）反向图片搜索

然而,在很多时候,产品图片及文本中没有商标、品牌名称、品牌标签,这种情况下可以借助产品图片本身,利用专门的搜索引擎工具进行搜索以此来判断是否可能产生侵权。这种以图搜图的方式即"反向图像搜索"。反向图像搜索工具较多,如国内的百度识图、搜狗图片搜索等,国外的如TinEye、Google图片搜索等。

图 5-25　产品图片示例 1

1. TinEye

TinEye 是比较老牌的典型的以图找图搜索引擎,输入本地硬盘上的图片或者输入图片网址,即可自动搜索相似图片,搜索准确度相对来说还比较令人满意。下面用 TinEye 来给大家演示如何进行反向图片搜索。如图 5-25 所示的产品,没有品牌,没有标签,也没有显示模特全貌。

打开 http://www.TinEye.com(见图 5-26),在方框内上传要找的图片,结果如图 5-27 所示,显示有 2 条搜索结果,并且排名第一的就是产品的品牌 Maje。TinEye 完全免费,支持中文网络的图片搜索,用户上传图片的局部就可以找到某一张图片的整个部分。目前从使用效果上来看也是非常好的。

图 5-26　TinEye 首页部分界面

图 5-27　图片产品示例 1 的搜索结果

2. Google 图像搜索

除 TinEye 外,谷歌图像搜索也是一款非常方便的实用工具。Google 图像搜索,即 Google Images,是谷歌公司推出的一项允许用户搜索互联网上图片、图像的服务。图 5-28所示的产品图片示例 2 中没有显示品牌或者标签。

图 5-28　产品图片示例 2

打开 http://www.image.google.com(见图 5-29),点击搜索框中照相机的图标,即出现图 5-30所示的对话框,用户可以在对话框中粘贴图片网址,也可以上传需要搜索的图片。

图 5-29　谷歌图像搜索首页

图 5-30　在 Google Images 中上传图片信息

上传需要搜索的产品图片示例 2,搜索结果如图 5-31 所示。从搜索结果来看,用户很容易判断出来该产品的品牌信息,从而避免侵权行为产生的可能。

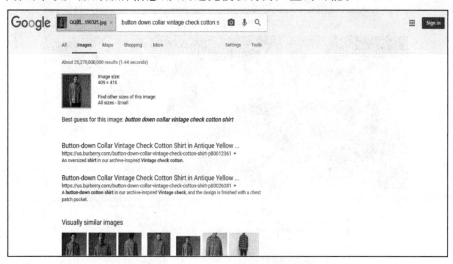

图 5-31　产品图片示例 2 的搜索结果

二、商标查询工具

2017 年下半年,很多卖家因为一款叫作指尖猴子(手指猴)的爆款产品而卷入侵权风波,这种侵权行为可能会导致店铺账号关闭、资金冻结的后果。被判定为侵权的情况也有很多种,包括侵犯发明专利、外观专利等。很多产品可能已经拥有商标或专利,但是卖家并不知道,因此卖家在选品的时候,检查产品是否存在侵权是非常重要的。特别是公仔、比基尼、乐高玩具、苹果周边产品、面具、婚纱等,这些产品大多辨识度不够高,非常容易造成侵权。

为避免造成侵权,首先卖家可以通过各国(地区)或组织的官方网站查询商标信息。表 5-2 列举了部分主要国家(地区)或组织的知识产权查询网址。一般可以通过商标注册号查询商标,也可以在使用以上渠道时通过商标名称或者商标权利人等方式查询商标。下面以 Wish 平台全球最大的市场美国为例,对美国商标查询进行介绍。

表 5-2　主要国家(地区)或组织的知识产权查询网址

国家或组织	查询网址
美国	http://www.uspto.gov
英国	http://www.ipo.gov.uk/
欧盟	https://euipo.europa.eu/ohimportal/
日本	http://www.jpo.go.jp
加拿大	http://www.ic.gc.ca/eic/site/cipointernet-internetopic.nsf/eng/home
世界知识产权组织	http://www.wipo.int/branddb/en/

（1）打开浏览器输入网址 https://www.uspto.gov/，点击右侧页面中的"Trademarks"，选择"TESS"，如图 5-32 所示。

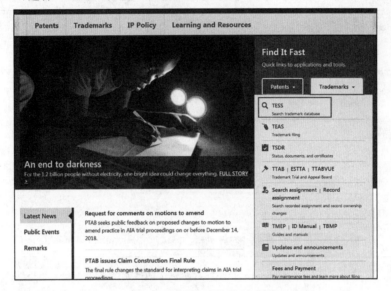

图 5-32　打开美国商标查询网站

（2）选择"Basic Word Mark Search（New User）"，进行基础查询，如图 5-33 所示。

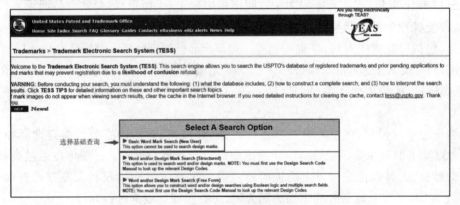

图 5-33　选择基础查询

（3）可以在 Field 选项中选择不同下拉菜单，通过输入商标名称、商标受理号或注册号，或者持有人名称、地址等不同方式进行查询，如图 5-34 所示。

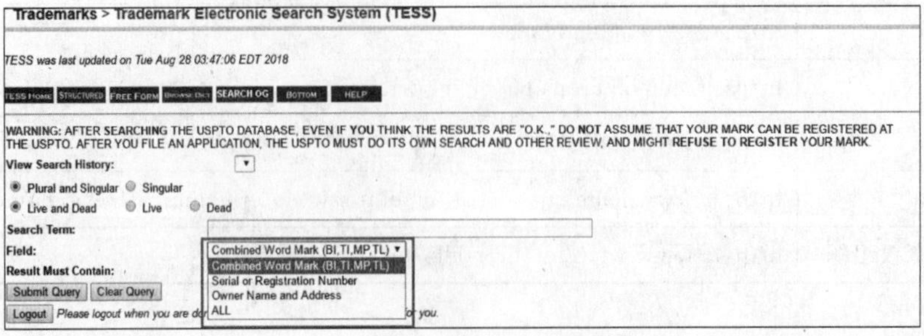

图 5-34　输入查询信息

以"Fingerlings"为例进行查询,点击 submit 就会跳转出搜索的 12 条有效结果,如图 5-35 所示。从结果来看,有 Serial Number 却没有 Reg. Number 的,代表商标提交申请了,在审核当中,或者在公告期但还没有通过注册;有 Serial Number 和 Reg.Number 且处于 Live 状态的,代表商标已经通过注册。

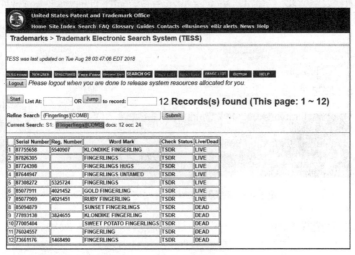

图 5-35 商栏查询结果列表

(4)任意点击一个名称查看信息,页面内会显示商标名称、图样、注册保护的商品类目、申请日期等相关信息。选择"87308272",点击后显示如图5-36所示的信息。

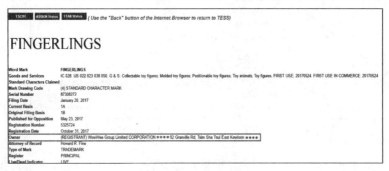

图 5-36 查询详情展示界面

三、专利查询工具

选品时卖家同样也会遇到关于产品专利的问题。在规避专利侵权的时候,首先需要查询专利。不同国家的专利类别有所差异,根据《中华人民共和国专利法》,专利包括三类:发明专利、实用新型专利和外观设计专利,而美国专利包括发明专利、外观设计与植物发明专利等三种。专利具有地域性,因为为了保护自己的专利,发明人一般会在自己想要自己的专利被保护的国家申请专利保护。此外,由于专利是对创造性发明技术的鼓励,因此各国均会将在该国申请或者已经核准的创造发明专利公开,所以会有各个国家免费专利资料库的出现。各国或组织的检索数据库可参考表 5-2。本小节继续以美国为例,演示如何查询专利。

首先登录美国 USPTO 网站：http://www.uspto.gov/，点击"Patents"，在"Patents"页面下，点击"Search for Patents"，如图 5-37 所示。

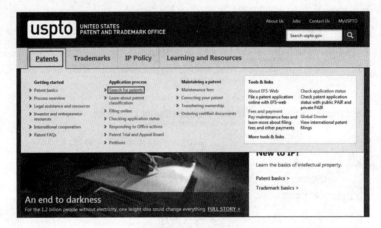

图 5-37　美国 USPTO 网站专利查询入口

点开页面之后选择"Quick Search"（快速查询），如图 5-38 所示。

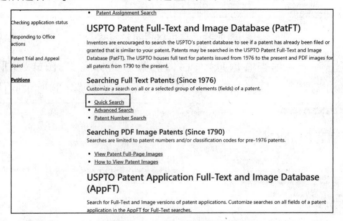

图 5-38　选择快速查询

从图 5-39 可知该页面支持的查询方式有很多，常用类别一般为产品名称、摘要关键词、申请人、专利号、申请日期等。

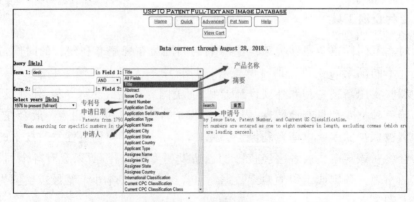

图 5-39　查询页面

本节以桌子为例，选择标题点击"Search"，结果如图 5-40 所示。在结果中，选择其中的某项专利打开，在图 5-40 所示详情页中点击"Images"，即可查看该专利的外观图像，如图 5-41所示。

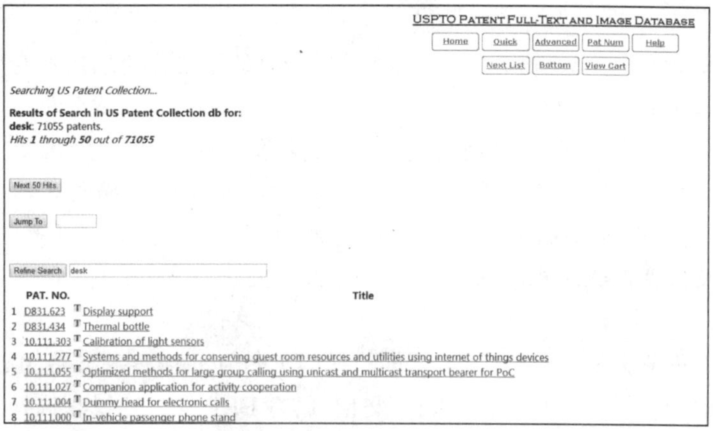

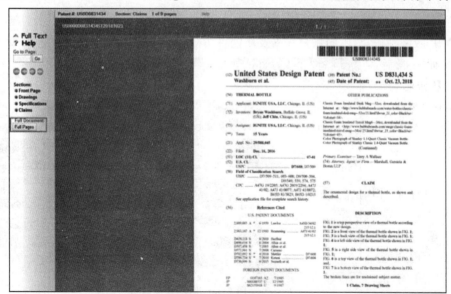

图 5-40　查询结果列表页面

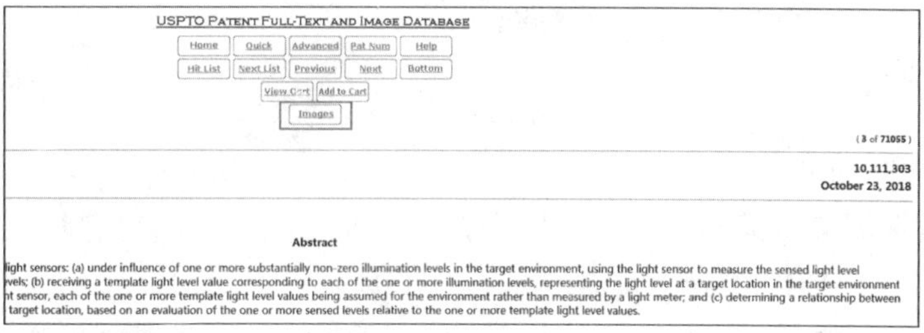

图 5-41　外观图像查询界面

点击图 5-42 中左侧的"Full Page"，会显示所查询专利的所有情况，支持打印或下载。

图 5-42　专利信息展示界面

第四章　ERP工具

ERP(enterprise resource planning,企业资源规划)是建立在信息技术基础上,以系统化的管理思想为企业决策层及员工提供决策运行手段的管理平台。ERP的主要优势:①提高公司运作效率,如发货效率、回复站内信效率、公司管理效率等,例如很多ERP推出的包装打印功能,发货效率比传统发货模式高出几倍;②多店铺运营、防关联,有效避免一个人运营多个店铺需要来回切换的困扰;③统计报表、财务,告别传统低效率的EXCEL统计模式;④采购及估算合适的库存,避免产品滞销或者发货不及时;⑤库存管理,多仓库库存统一管理等。

目前,对于跨境卖家来说,市场上可供选择的ERP产品较多,支持Wish运营的常见ERP工具有超级店长、店小秘、芒果店长、马帮、通途ERP等。建议在选择ERP时可从公司的规模、产品的刊登数、运营的平台、产品的价格、服务等维度进行综合考虑。下面选择其中两种具有代表性的ERP工具进行介绍。

一、店小秘

(一)店小秘概述

店小秘是深圳美云集网络科技有限责任公司旗下产品,2014年11月产品上线,是首家承诺永久免费的ERP工具。截至2017年12月,注册商家数突破30万,目前已经对接包括Wish在内的19家主流跨境电商平台,高峰期店小秘每日处理订单数高达280万。

(二)店小秘账户注册

登录店小秘网站https://www.dianxiaomi.com,首先进行账户注册。该工具有免费版和VIP版两种账户,不同账户权限及功能可访问店小秘首页VIP模块进行查阅。

注册完成后,用账户和密码登录后就可进入图5-43所示卖家后台界面。访问后台各功能模块,包括产品管理、订单管理、采购管理、库存管理、仓库管理、物流管理、数据管理、财务管理及服务管理等。

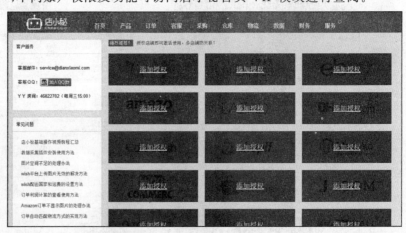

图5-43　店小秘卖家后台界面

（三）店小秘 Wish 店铺授权

1. 店小秘 Wish 店铺授权规则

通过店小秘实现对 Wish 店铺管理，在登录后需先完成 Wish 店铺授权。授权前需要了解基本规则：一个店铺只能授权给一个店小秘账号，一个店小秘可以授权多个 Wish 账号，更新店铺密码一定要重新授权，授权店铺必须要授权 Wish 的主账号，Wish 店铺常在电脑上授权。

2. 授权的流程

（1）第 1 步

登录店小秘进入授权页，在未授权任何店铺的情况下，登录后从首页点击相应商标图标进入 Wish 授权界面。个人账号下方也有固定的 Wish 授权入口，如图 5-44 所示。

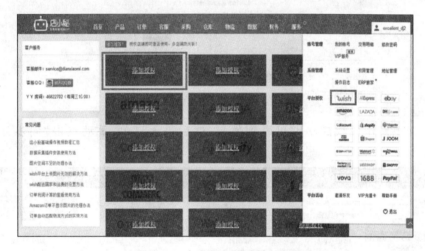

图 5-44　店小秘 Wish 授权入口

（2）第 2 步

在授权页"添加授权"，并填写店铺名称提交，如图 5-45 所示。点击"添加授权"，填写一个店铺名称并提交"授权"。店铺名仅用于在店小秘显示，和平台的名称无关，可自定义填写，但不允许和该店小秘账号已授权过的其他店铺重名。

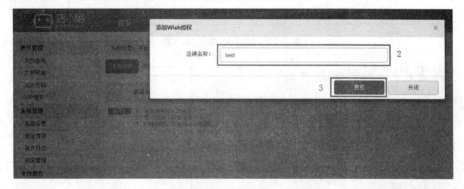

图 5-45　在店小秘添加 Wish 授权

（3）第 3 步

登录授权账号确认授权。提交授权后，将在新页面打开 Wish 平台，登录要授权的 Wish 账号，将跳转至图 5-46 所示页面，按页面提示完成确认操作。

（4）第 4 步

确认授权成功。确认后，页面将提示授权成功，并在授权页点击授权成功，即可完成授权。

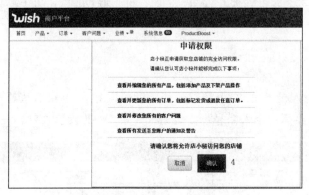

图 5-46　确认 Wish 授权

（5）第 5 步

完成以上操作授权成功即可看到效果，然后进入订单，手动点击"同步订单"，如图 5-47 所示。

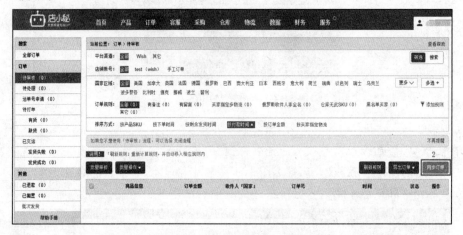

图 5-47　同步订单操作界面

（三）在店小秘刊登 Wish 产品

店铺授权后，即可以利用店小秘进行 Wish 产品刊登，主要方法包括创建产品、创建产品—引用产品表格导入、复制、数据采集和数据搬家等，如图 5-48 所示。下面简单演示通过店小秘刊登 Wish 产品的步骤。

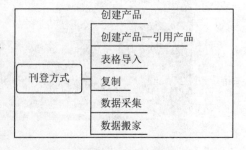

图 5-48　Wish 产品刊登方式

（1）点击后台首页功能导航栏"产品"，点击 Wish 的"创建产品"，即进入产品创建页面，部分截图如 5-49 所示。

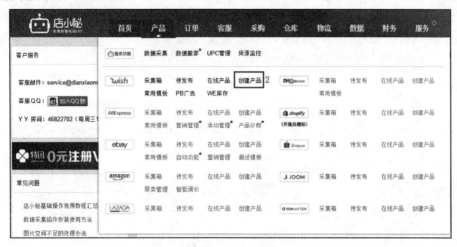

图 5-49　在店小秘创建 Wish 产品入口

（2）产品创建页面（见图 5-50）需要填写基础信息、店小秘信息、价格和运送、可选信息、图片信息、颜色信息、尺寸信息和变种信息等。产品创建时支持对产品进行仿品检测，即该工具会根据 Wish 敏感词库进行初步检测。

（3）创建完成后可以保存或发布，发布支持立即发布和定时发布两种方式。

图 5-50　产品信息填写页面

二、马帮

（一）马帮概述

马帮 ERP 是上海胤元电子商务有限公司旗下主打产品，创办于 2010 年，2011 年马帮 ERP 产品正式对外销售。目前该 ERP 已经对接了 20 多个平台（见图 5-51），得到了 80000 多个中小型跨境电商卖家的认可和支持。马帮产品线主要包括马帮 2.0、马帮 3.0 及 WMS 仓储管理系统等产品。马帮 ERP 2.0 本地部署版本诞生于 2011 年，平均客户单

马帮 ERP
首页

日订单量在 1500 单以上,本地独立部署,访问快速,多部门的协同合作效率更高,是马帮所有版本中的最高配置,功能最全面、最丰富。马帮 3.0 适用于订单量 100～3000 的中小卖家,无须下载安装,注册后即可免费使用。WMS 仓储管理系统是一个实时的计算机软件系统,集收货、上架、拣货、补货、库内作业、企业管理等功能于一体,能对信息、资源、行为、存货进行更完美的管理。各产品报价如表 5-3 所示。

图 5-51　马帮对接平台

表 5-3　马帮产品报价

产品	价格详情
马帮 2.0	企业版:初装 6000/年,次年续费 5000/年 旗舰版:初装 14800/年,次年续费 5000/年
马帮 3.0	所有基础功能免费,VIP 3800/年
WMS 仓储管理系统	20000/年

(二)马帮账号注册

登录马帮网站首页 http://www.mabangerp.com/index.htm,点击右侧注册框,完成注册后即可以使用免费版马帮 3.0。注册完成后,用账户和密码登录后就可进入图 5-52 的卖家后台界面。

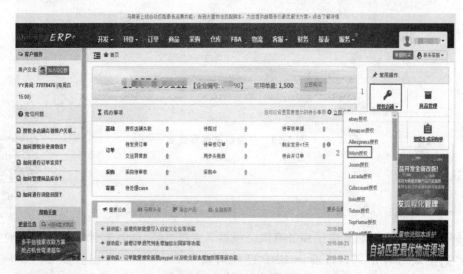

图 5-52　马帮 3.0 卖家后台

（三）马帮 Wish 店铺授权

马帮 3.0 提供从产品开发，到打单发货的全流程一站式的服务。主要功能包括产品开发、刊登管理、订单管理、商品管理、采购管理、仓库管理、FBA、物流管理、财务管理、服务管理及相关跨境服务等。下面介绍授权马帮 3.0 进行 Wish 店铺管理的步骤。

（1）点击图 5-52 右侧常用操作"授权店铺"入口，选择"Wish 授权"，进入新增店铺界面，如图 5-53 所示，在该界面中填写相关信息后，点击"授权"，即进入开始授权环节，如图 5-54所示，点击"点击申请"按钮，由于前面商户平台账户已经登录，则可直接进入 Wish 商户平台界面确认授权，如图 5-55 所示。

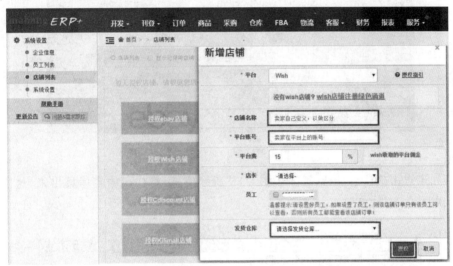

图 5-53　新增店铺界面

图 5-54　开始授权界面

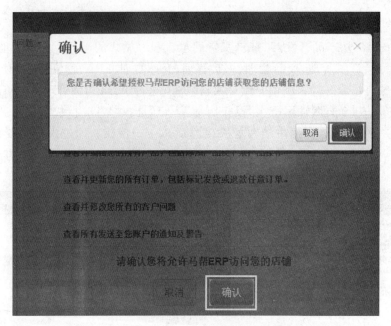

图 5-55　确认授权界限

（2）如果点击确认后，浏览器弹出图 5-56 所示信息，将代码内容拷贝出来，这段即是验证码。

拷贝下边显示的临时授权码到您正在使用的应用程序，完成授权

8551b88e3aa143d0aeed4a5cc8f1d1ac

图 5-56　获取授权码

（3）将验证码填入图 5-57 所示的验证码输入框中，点击"获取授权"按钮，稍等一段时间后显示如图 5-58 所示的授权结果，表明授权成功。

图 5-57　获取授权界面

图 5-58　授权成功界面

（四）马帮刊登 Wish 商品

店铺授权成功后，即可以利用马帮进行 Wish 店铺管理，下面还是以产品刊登为例进行介绍，马帮 3.0 提供的产品刊登流程如图 5-59 所示。

图 5-59　马帮 3.0 产品刊登流程

下面介绍通过数据采集进行产品刊登的步骤。

（1）点击后台首页功能导航"刊登"—"数据采集"，进入到数据采集页面，如图5-60所示。数据采集包括单品采集和分类采集。卖家只需将产品链接放到采集框内，一键采集商品详情，进行批量认领再刊登。目前，单品采集支持淘宝、阿里巴巴、速卖通、天猫、京东等平台，分类采集功能目前支持淘宝、1688 等平台。

图 5-60　商品数据采集入口

（2）以 1688 为例，复制商品链接，点击"开始采集"，系统提示先授权 1688 账号，如图 5-61所示，输入账户名称，点击确定后，提示勾选同意阿里巴巴开放平台用户应用授权提醒，并输入 1688 账户信息，如图 5-62 所示，最后点击"授权并登录"，即可完成 1688 应用授权环节。

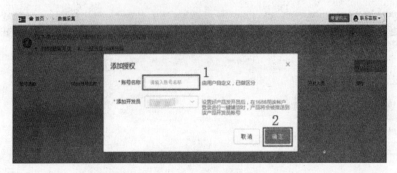

图 5-61　1688 添加授权界面

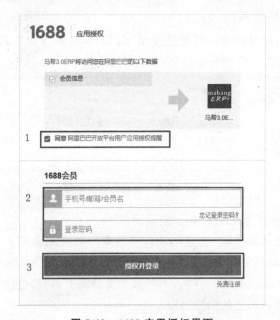

图 5-62　1688 应用授权界面

（3）授权成功后，把符合的产品链接填写至单品采集的框内，再点击"开始采集"，如图 5-63所示，采集成功后即可以在待认领/待刊登处看到产品信息，如图 5-64 所示。

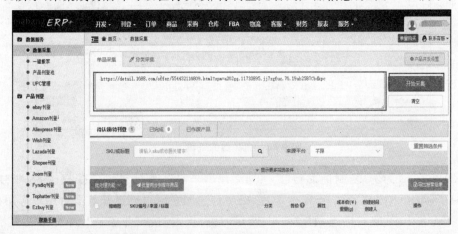

图 5-63　产品信息采集界面

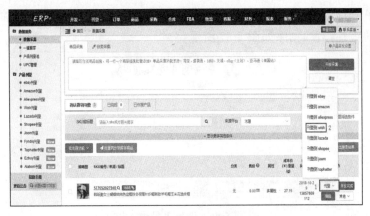

图 5-64 待认领/待刊登产品列表

(4)点击"刊登到 Wish"即可以看到采集的产品详细信息,页面部分截图如图 5-65 所示。卖家可以在进行店铺信息、基本信息、价格和运送、可选信息、编辑商品图片、运费设置、多属性设置等操作后进行检测侵权词、保存或保存并刊登等操作。

图 5-65 产品信息编辑界面

第五节 物流查询工具

一、物流查询工具 17TRACK

为订单提供有效的物流追踪信息,能够提高用户的购物体验并增强其信任感,还能为卖家履行的订单提供配送证明。这意味着 Wish 能够更快地确认物流信息并且卖家能够更快地得到货款。2010 年上线的 17TRACK 是目前 Wish 卖家使用比较多的快递包裹跟踪服务网站,目前覆盖世界绝大部分国家(地区)的邮政包裹服务,支持查询全球超过 200个国家(地区)的邮政运输商、多家知名国际快递公司及主流跨境电商物流专线。

二、17TRACK 物流查询操作方法

首先访问 17TRACK.net,在图 5-66 空白处输入物流单号,如 LM228922521CN,输入

正确的查询单号后,点击"查询"按钮进行单号查询。查询完成后,结果页面将显示与运输商官网同步的跟踪详情,结果如图 5-67 所示。

图 5-66　物流单号输入

图 5-67　搜索结果显示

一般正常情况下,系统可以自动检测物流商、发件国家(地区)及目的地国家(地区);无须进行手动操作,单号如属于多个运输商或无法识别,可以点击图 5-66 的运输商按钮,然后手工指定运输商,如图 5-68 所示。如果要搜索运输商,也可以在图 5-68 中的搜索输入区域输入运输商的名称、网址或者国家(地区),然后根据搜索结果再选择你需要的运输商。

图 5-68　选择运输商

本章习题

第五章习题

第六章

项目孵化与创业

第一节　入驻高校众创空间校园孵化

项目孵化
与创业

一、高校众创空间概述

在"大众创业，万众创新"时代，大学生成为最具创业活力和潜力的群体。但是在双创环境不断优化的同时，高校大学生创新创业仍缺少与市场有效融合的机制和平台。

高校众创空间是一种新型的大学生创新创业服务平台的统称，它以工作空间、网络空间、社交空间和资源共享空间等"众创空间"为核心载体，通过组织"众建"、项目"众包"、资金"众筹"、资源"众享"、产品"众创"等业务职能建设，催生出创新型的创意或产品，以及创业型的小型团队或企业，并与市场有效对接；同时，通过市场信息反馈，进一步对创意或产品进行再设计、再完善，对小型团队/企业再优化、再建设，并促进众建、众享、众包、众筹、众创的良性运转，发挥众创空间的强大效力。众创空间具有低成本、便利化、全要素等特点，能够为小型创新团队、学生创业个人提供开放式的综合服务平台。在具体管理上，可由学校学生部门直接管理，也可由学生团体或组织实行自我管理及自我服务（见图6-1）。

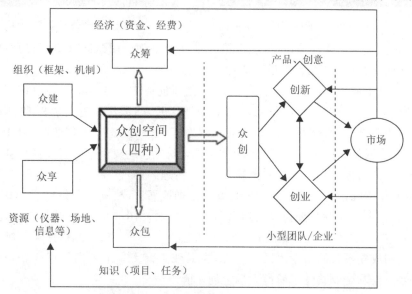

图 6-1　高校众创空间机制

以浙江外国语学院 e-CROSS 众创空间为例,该众创空间结合当地产业发展需求和学院特色,立足于跨境电商相关项目的孵化。整体项目分多期逐渐推进,一期项目的建设目标是为浙江外国语学院跨境电子商务学院建成一个能够营造创新创业文化氛围、拥有一批创新创业基本服务设施、提供创新创业交流的大学生创新创业场所。e-CROSS 众创空间(一期)建设内容包括五大功能区:开放办公区、活动路演区(兼录播教室功能)、项目展示区(兼项目创新交流功能)、网拍摄影区和会客谈判区。

建成之后的部分效果如图 6-2、图 6-3、图 6-4、图 6-5 所示。

图 6-2　文化墙

图 6-3　办公环境

图 6-4　活动路演区

图 6-5　产品摄影室

自 2017 年项目主体建成以来,已有第一批共 5 个创业团队入驻本项目众创空间,其中一个团队的年营业额达 1000 万元以上。

另外,浙江工商大学(以下简称浙商大)在创新创业方面的典型经验也值得浙江省内乃至全国高校学习。在杭州教工路浙江工商大学老校区,浙江工商大学及 12 名知名校友与浙江火炬中心携手,联合西湖区政府共同创建了"浙江工商大学创业园·UP＋DEMO 众创空间"。由浙江火炬中心负责运营,探索了双创时代高校市中心老校区社会效益与经济效益并举的浙商大模式。在空间布局上,盘活占地约 50 余亩(约 3.3 万平方米)的校产资源,包括众创空间区、创业孵化区、成长型企业加速器、校友企业集聚区、创业公寓区、创业教学区、创业服务区、创业园展示区等多个区域。图 6-6 为浙商大创业园·UP＋DEMO 众创空间,该空间含有开放式工位区和独立办公区,主要入驻尚未注册成立的公司或者公司刚成立不久的学生团队。此外,在浙江工商大学下沙高教园区新校区与杭州经济开发区及校友企业共建了浙商大学生创业园。

图 6-6　浙商大创业园·UP＋DEMO 众创空间

二、空间入驻条件和流程

创业团队在入驻众创空间前,需要了解众创空间所提供的各项服务,了解申请入驻的条件和流程。空间免费提供的服务一般包括场地服务［免费为入驻创业团队、创业公司提供办公场地(工位)、办公家具、办公网络］、培训服务(以课程或交流等多种形式免费对创业学生进行基础创业培训)、咨询服务(免费为创业团队、创业公司提供创业政策,项目运营咨询及基础法务、财务、税务咨询)、指导服务(免费为创业团队配备创业导师,指导创业实践)、工商注册服务(免费为创业团队提供工商注册地址、工商注册咨询、工商注册代办)、资金扶持等。高校众创空间招商的对象一般以在校的创业团队及创业者、毕业 3 年内的毕业生作为创业或联合创始人。

项目入驻的流程一般是:申请—受理—评审—签署入园协议。在申请环节,各高校一般都要求学生团队提交入驻申请表、创业计划书或运营报告等材料;管理机构受理申请,并对资料进行初审;在项目评审环节一般会邀请专家对创业团队及创业项目进行现场答辩。评审中主要关注以下几个方面:项目的创新性、可执行性,团队是否合理,项目是否具备良好的市场潜力,团队是否具备一定的项目启动资金和风险承受能力,等等。对于那些已经有实施基础的项目或者在各类竞赛中获奖的项目,在评审过程中会有一定优势。因此,建议通过 Wish 创业的大学生个人或团队重视申请环节,特别是创业计划书的撰写。在评审入围的团队经过公示无异议后,可正式确定入园团队,签署入园协议。

三、过程管理

项目入驻到高校众创空间后,需接受中心日常管理、指导、监督。在经营管理方面,入驻团队需遵守国家法律法规、学生手册及学校其他相关规定,合法开展业务,并承担业务纠纷处理、经济赔偿以及由此引起的经济、民事等相关法律责任;入驻基地的创业团队自主经营、自负盈亏,并承担经营责任。在场地管理方面,入孵企业(项目)应在协议指定区域内经营项目,不得转让,不得私自占用公共区域;入孵企业(项目)不得擅自对众创空间既定的格局和装修等进行改造。安全方面,需做好基地的消防、安保、秩序、设施设备、内部卫生等管理维护工作。

同时,高校众创空间一般会设置较为灵活的退出机制。如在孵化期内,创业项目进展良好,空间无法满足项目发展所需,可以申请退出。另外,创业企业(项目)也需要接受众创空间的考核,考核不合格的团队也将会被劝退。因此,要想提高项目孵化的成功率,团队不仅需要把握市场机会,而且也要通过加强团队队伍建设、制定严格的管理制度等措施将创业团队的发展风险降到最低。

第二节 入驻跨境电商园区孵化

一、跨境电商园区概况

跨境电商发展迅猛,杭州依旧勇立潮头,走在发展的前列。中国(杭州)跨境电子商务综合试验区(以下简称杭州跨境电商综试区)是中国设立的跨境电子商务综合性质的先行先试的城市区域。通过构建信息共享体系、金融服务体系、智能物流体系、电商信用体系、统计监测体系和风险防控体系,以及线上"单一窗口"平台和线下"综合园区"平台等"六体系两平台",实现跨境电子商务信息流、资金流、货物流"三流合一",并以此为基础,以"线上交易自由"与"线下综合服务"有机融合为特色,重点在制度建设、政府管理、服务集成等"三大领域"开展创新,力争在"建立跨境电子商务新型监管制度、建立'单一窗口'综合监管服务平台、创新跨境电子商务金融服务、创新跨境电子商务物流服务、创新跨境电子商务信用管理、建立跨境电子商务统计监测体系、制定跨境电子商务规则和创新电商人才发展机制"等八个方面实现新突破,实现跨境电子商务自由化、便利化、规范化发展。

目前,杭州跨境电商综试区已布局13个线下产业园,覆盖全市绝大多数区、县。跨境电商园区一方面是物理空间的聚集,让企业能够抱团发展;另一方面是一个资源和信息的渠道,集聚了通关、金融、物流、人才等供应链综合服务,可以帮助企业并给予企业指引。这13个园区又立足区位条件、产业发展基础、资源要素,实现了错位发展,如江干园区设立了全国唯一的跨境电商宠物食品基地;空港园区打造空运跨境电商物流基地,吸引顺丰等物流巨头入驻;下沙园区建设菜鸟骨干网,成为阿里巴巴超级物流枢纽样板。

中国(杭州)跨境电子商务综合试验区旗下的13个线下产业园的地址和业务模式等如表6-1所示。

表6-1 中国(杭州)跨境电商综试区线下产业园

序号	园区	地址	主要业务模式
1	中国(杭州)跨境贸易电子商务产业园·下城园区	浙江省杭州市下城区石桥路长城街22号	直邮进口+一般出口
2	中国(杭州)跨境贸易电子商务产业园·下沙园区	浙江省杭州经济技术开发区十二号大街18号(出口加工区内)	保税进口+直邮进口
3	中国(杭州)跨境贸易电子商务产业园·空港园区	浙江省杭州市萧山区靖江街道保税大道西侧杭州保税物流中心	直邮进口+保税进口+一般出口
4	中国(杭州)跨境电子商务综合试验区·临安园区	浙江省临安市锦城街道花桥路68号	一般出口+直营进口

序号	园区	地址	主要业务模式
5	中国(杭州)跨境贸易电子商务产业园·江干园区	江干区九盛路9号东方电子商务园24幢401室	进口和出口,均涵盖B2B、B2C
6	中国(杭州)跨境贸易电子商务产业园·富阳园区	浙江省杭州市富阳区银湖创新中心12号楼,富阳区东洲街道东桥路58号	以B2B为主,B2C为辅
7	中国(杭州)跨境贸易电子商务产业园·拱墅园区	浙江省杭州市拱墅区科园路55号	一般出口＋跨境电商生态服务
8	中国(杭州)跨境贸易电子商务产业园·桐庐园区	海陆跨境电商产业园和桐君跨境电商众创孵化园	综合性跨境服务平台
9	中国(杭州)跨境贸易电子商务产业园·余杭园区	杭州市余杭区南苑街道南大街265号市民之家8楼	跨境电商出口＋跨境电商产业链企业
10	中国(杭州)跨境贸易电子商务产业园·建德园区	建德市洋溪街道雅鼎路666号浙西跨境电商产业园	进口和出口,均涵盖B2B、B2C
11	杭州跨境贸易电子商务产业园·西湖园区	浙江省杭州市西湖区文一西路830号	跨境电商B2B、B2C
12	中国(杭州)跨境贸易电子商务产业园·萧山园区	浙江省杭州市萧山区金一路37号	B2B/B2C出口＋直邮进口
13	中国(杭州)跨境贸易电子商务产业园·邮政园区	杭州市萧山区坎红路3388号	跨境电子商务综合服务

二、入驻条件和流程

2017年,在G20峰会主会场杭州国际博览中心,Wish中国与萧山经济技术开发区签订合作协议,正式落户杭州。签约后萧山经济技术开发区将全力助推"星工厂"和"星青年"等项目落地。

"星工厂"项目是Wish为了提升供应链生态伙伴经营效率,更好地满足终端用户购物体验,由官方整合行业、政府、产业带等资源,搭建基于经营Wish生意的一体化供应链服务平台,帮助工厂一键供货,拓展跨境Wish平台无限商机,同时扶持运营伙伴层层筛选工厂源头货源,把控产品质量,提高经营效率。

"星青年"项目由Wish官方发起,积极响应政府"大众创业、万众创新"的号召,培养跨境电商专业型人才。该项目联合各地多所高校,设立Wish跨境电商学院(班),帮助在校大学生或应届毕业生创业、就业。根据中国(杭州)跨境电子商务综合试验区的官方数据,Wish自2017年在跨境电商开发区产业园设立子公司后,日均交易量从5000单快速上升至8万单。下面,以杭州跨境贸易电子商务产业园·萧山园区为例,对园区基本概况、入驻条件及流程等情况进行介绍。

(一)园区概况

中国(杭州)跨境贸易电子商务产业园·萧山园区,采用"政府主导、企业运作"模式管理运营。园区总体规划26万平方米,坐落于萧山经济技术开发区,距离地铁2号线700米,离杭州主城区20分钟路程。园区充分发挥萧山区制造业产业基础优势和园区管理团队多年跨境电商经验和资源,在萧山开发区信息港小镇的整体规划下,本着"一心一园一基地,多点发展"的战略定位,即市北区块(金一路 37 号)发展跨境电商办公产业园,桥南区块(鸿兴路 109 号)发展跨境电商仓储配运基地,并与周边创客新天地、女装城、珠宝城及浙江邮政基地等形成多点联合,利用 B 型保税区、陆路口岸和铁路贸易的优势着力引入跨境电商大型平台服务商。目前园区已引进 Wish、大龙网、阿里巴巴物流服务商、顺丰、申通等大型跨境电商服务商,并与速卖通、eBay、Wish 等境内外大型跨境电商平台达成合作协议,以线上和线下结合的方式,协同为制造企业、外贸企业、电商企业提供服务。

(二)园区服务及政策支持

园区以推进萧山区传统外贸企业转型为主导,以建立跨境电商生态圈系统为基点,聚集跨境贸易综合服务、跨境电商国际供应链整合服务、跨境电商国际网络营销服务、人力资源服务等跨境电商产业网络节点产业,实现跨境电商产业链的优化和整合,为整个区域企业提供跨境电商一站式服务体系。

在供应链整合服务方面,引进 4PL 企业,为园区及周边企业提供全球化的采购、仓储、配送、售后、融资等一站式的供应链整合服务,提高企业经营效益,降低经营成本。在网络营销服务方面,通过整合各类资源,帮助传统企业拓展营销渠道,提供包括品牌推广、境内外网络营销、系统维护等网络营销服务,实现传统企业的转型升级。在人才支撑服务方面,园区已与多个大学达成战略协议,同时引入多个跨境电商培训机构,为园区入住企业提供一条龙的人才输入和培训服务。在国际快递物流方面,园区已经引进了顺丰快递及服务于 DHL、UPS、FedEx 等国际物流公司的一站式服务商等境内外大型物流商,为跨境电商企业提供仓储和国际物流便利;同时,园区还与浙江邮政进行战略合作,为跨境电商企业提供仓储和国际物流便利。在金融配套服务方面,园区与农业银行、招商银行、平安银行及中正资本等多家跨境电商行业的专业投融资机构达成战略合作,为园区服务的跨境电商企业提供完备的一站式支付、结汇、融资及上市辅导等服务。如在 2017 年年底,园区帮助"80 后"Wish 创业团队对接风投机构,成功融资 200 万元,帮助创业者解决了资金难题。解决了资金缺口后,这个创业小团队的日均订单从 500 单上升到 8000 单,公司估值到了 1 亿元。在综合服务平台方面,园区运营公司自主开发并运营的速通宝跨境电商综合服务平台,已具备为跨境电商企业提供物流、仓储管理、清关、结汇、退税等一站式服务,并已与杭州跨境电商综试区"单一窗口"进行数据无缝对接。

(三)园区政策具体

1.租金减免

入园跨境电商企业可享受 2 年的租金减免;对入驻的科技型中小微企业,给予 0.5 元/平方米/天的补贴,单个企业补助面积不超过 1000 平方米,补助期限为 3 年。

2.纳税奖励

入园科技型中小微企业自产生税收之后 3 年内,按其实缴税收地方留存部分的 60% 予以奖励;对当年实缴税收在 100 万元以上且增幅 30% 以上的企业,按其实缴税收地方留存部分的 80% 给予奖励。

3.培训补助

经认定的服务外包企业,其经营涉及服务外包业务的,每新录用 1 名大专(含)以上学历员工从事服务外包工作并签订 1 年以上劳动合同的,给予企业每人不超过 4500 元的定额定向培训支持。

4.融资扶持

对符合条件的中小(跨境电商)服务外包企业融资予以奖励,按其利息支出费用的 30% 给予奖励;一家企业一年融资奖励不超过 50 万元。

(四)入驻条件及流程

1.入驻条件

企业需实际从事跨境电子商务进出口业务,交易通过网络电子商务平台完成。企业登记经评审后获准入园,注册地在园区内。

2.入驻流程

(1)前期接洽

与园区管委会洽谈业务情况,确认合作意向。

(2)企业实地考察

企业去园区进行实地考察。

(3)评审通过

递交相关评审材料。

(4)达成意向

材料通过审核,达成合作意向。

(5)签署协议

与园区签订合作协议。

(6)单一窗口平台对接

①与单一窗口平台做系统技术对接,取得登录单一窗口平台账号。

②登录单一窗口平台完成企业备案、货物或物品备案。

③在企业备案、货物或物品备案获得海关审批通过后开展业务。

第三节　实体公司注册

一、注册公司所需准备的材料及必备条件

以杭州为例,大学生注册实体公司需要准备的材料①如下。

(1)公司法定代表人签署的公司设立登记申请书。

(2)指定代表或者共同委托代理人授权委托书及指定代表或委托代理人的身份证复印件。

(3)全体股东签署的公司章程。

(4)股东的主体资格证明或者自然人身份证复印件。

(5)董事、监事和经理的任职文件及身份证复印件。

---

① 方美玉.创新创业类学科竞赛辅导及项目案例教程[M].北京:中国财政经济出版社,2017.

(6)法定代表人任职文件及身份证复印件。

(7)住所使用证明。

(8)企业名称预先核准申请书、企业名称预先核准通知书。

(9)前置审批的文件。

(10)杭州市大学生创办企业证明。

二、注册流程

注册实体公司流程如下。

(1)取名核名。

(2)办理大学生创办企业证明。

(3)前置审批。

(4)准备办理材料。

(5)提交材料。

(6)申领营业执照。

📍 **注意事项**

· 注册实体公司流程、准备材料随着国家鼓励自主创业的政策变化而会有适当简化或调整,应以所在地市场监督管理部门即时公布的信息为准。

三、具体步骤

当前,实体公司注册可以寻找代理公司协助办理,比较常用的有重庆猪八戒网络有限公司旗下的猪八戒网(https://www.zbj.com),可以联系该公司专员协助注册准备和具体操作事宜,具体步骤如下。

(1)初步确定公司名字、注册资金、注册地址、经营范围、法人和股东等信息。

(2)核定公司名称,一般核定通过后的 3 个工作日可以获得核名通知书。

(3)专员会将准备公司注册的资料发给相关人员签字,再一并提供给市场监督管理部门,通常 3～5 个工作日后即可领取营业执照。

(4)完成公司刻章、银行基本户开户及税务等后续事宜,并将办理好的文件一并寄回给申请人。

具体费用包括:执照代办费约 600 元,小规模代理记账 3600/年(包括每月做账报税、税务报到、账本装订、市场监管部门年检、企业所得税汇算清缴、发票代领代开等,无隐藏费用)或 2400/年(零申报,不含票据做账),刻章费 500 元(一套五章,包含备案)。

本章习题

📖 第六章习题

第七章

Wish 卖家案例分享

对于还没有开始做 Wish 的卖家来说,需要经历四个阶段。

第一阶段最需要弄清楚的是 Wish 目前的整体状况如何。在创业的最初阶段,怀有有失必有得的心态和勇气。

第二阶段的主要工作为熟悉平台操作,懂得上传有效产品、账号注册、收款、物流、产品上传、ERP、订单处理等操作方法。

熟悉平台之后,进入第三阶段。这一阶段,重点工作是研究数据,理解 Wish 的推送规则:店铺数据良好,产品订单越多,流量越多。了解市场趋势数据,跟踪优秀的对手,分析新品,懂得产品诊断、店铺诊断。

第四阶的段重点技能是营销。这一阶段主要就是做流量。可借助多重营销手段,促进订单和流量的增长。比如,通过 PB 付费竞价流量、人工掌控数据、海外仓建设及布局等。

本书第一章至第六章介绍了以上四个阶段的具体技能和实战内容,第七章会再补充几个 Wish 创业者成功的案例。他们在创业一年内,平均营业额便达到了 200 万元以上,最高的达到了 2800 万元。这些创业者是 Wish 创业者的榜样。

案例一　曾旭明——细节决定成败

梦想照进现实,细节决定成败

——一位 90 后大学生的 Wish 创业之路

Wish 创业者名片

曾旭明,男,1994 年出生于浙江丽水,是浙江工商职业技术学院 2016 届的一名毕业生,依托 Wish 平台从事跨境电商,现为宁波地山谦网络科技有限公司负责人。公司于 2016 年 2 月成立,至 2018 年年初已累计完成销售额 1800 万美元。2016 年 8 月,曾旭明通过 Wish 中国区官方讲师的认证;2016 年 10 月,曾旭明受邀参加了 Wish 深圳年会,并分享经验。

一、怀揣创业梦想：追寻之路启蒙

有梦想的人生充满激情。我从小就受家庭环境影响而拥有创业的梦想，当时目标虽不清晰，但创业之梦却矢志不渝。2013年我考入浙江工商职业技术学院，学习应用电子技术专业。其间我十分重视自身综合素质的培养：进校时就参加了班委竞选，成功担任班长，还加入了学校的创业就业部，从一名干事做到了部长，积极组织了各类创业就业活动。我还特别重视创业意识及创业技能的训练，参加了学校举办的"网络创业培训班"。正是通过在校的学习和实践，依托学校的创业教育和校企合作平台，我有机会接触到当前最新的创业政策和资讯，尤其是通过网络创业培训班、跨境电商校企合作平台，我找到了创业之路和方向。

二、抓住机缘机会：结缘 Wish 平台

机会总是给有准备的人。还记得是在大二第一学期末，临近寒假，大多数的同学都已经买好回家的车票，也包括我。当时，学校正依托建在校内的宁波市电子商务学院，积极开展校企合作。记得当时有2家电商公司老板来校宣讲，一家主做"速卖通"，另一家做的是移动端购物平台，95％的成交顾客都是通过移动端完成下单，平台拥有独特的算法，能够结合顾客的喜好和兴趣进行推送，千人千面，每个人打开 APP 看见的产品都是不一样的，这也就是 Wish 平台。当听完公司老板的宣讲后，Wish 这个神奇的平台深深地吸引了我，我毅然决然地退掉了回家的车票，选择在 Wish 平台创业。我认为，大部分年轻人网购都是通过手机等移动端下单，移动端购物一定会成为未来的趋势，这也是为什么 Wish 能在众多知名跨境平台中脱颖而出，成为跨境电商一匹黑马的原因。也正是这次机缘，让我结识了创业路上的"伯乐"——费总。

这次"政校企"三方合作的地点是慈溪市崇寿镇"跨境电商园区"，我与其他同学一起，乘坐着学校的大巴成功抵达目的地。由于所在的园区比较偏远，生活条件并不是很好，但是"恶劣"的条件能锻炼人艰苦奋斗的品质！到达当天，园区的负责老师就带我们熟悉了实习学习场地。后来，回到寝室，我躺在陌生的床上心想：我的专业学的是应用电子技术，完全和电商八竿子打不着，连最基础的 PS 都不会，英语也不过关，能做好这个平台吗"我的心里充满了许多不确定和忐忑，尽管现在想来这些顾虑是多余的，因为英语、PS 这些工具，只要你思维活跃，专心专注，注重细节，并不会成为在 Wish 创业的障碍。

第二天，公司费总给我们开了第一次会议，提出了合伙人制度。费总说："我们公司的制度是合伙人制度，只要你能做出业绩，通过考核，能独当一面，那么我们就可以投资为你成立新的公司，公司给你提供资金、场地和人员。"这对于我这个从小就有创业梦想的大学生来说，无疑是打了一针强心剂。

三、勤修苦练内功：打牢创业根基

学海无涯苦作舟。认同了公司的制度设计后，我知道接下来要做的很"简单"，就是全力以赴做好 Wish 平台。但或许事情并没有想象得那么简单，还有许多坎坷和困难拦在我面前，等着我去跨越、去克服！

第一道坎：PS基础为零。由于从来没有接触过PS,所以我必须从头开始学,否则连最基本的产品发布都完不成。好在我学习新事物的能力强,当时我从最简单的创建图片大小开始,当别人一天完成6个产品的作图时,我要求自己在相同的时间内完成12个,并且要保证质量,处理好每一个细节。刚开始,我选择做的产品是男装,第一张主图要足够有吸引力,第二张是尺码表(保证顾客要能选到合适的尺码),还有各种颜色产品的拼图、细节图、内衬图等。仅用了一个星期,我就PS掉了PS这个坎!

第二道坎：英语词汇量少。当图片完成之后就是发布产品,Wish的出售主要靠标签推送,标签的设置至关重要。由于我英语基础差,词汇量少,根本定不出10个标签,怎么办?好记性不如烂笔头,首先我先去同类平台把大分类名称记下,然后找到爬虫软件,把Wish的一些热销词及一些场景词记下,每做一个品类我都会这样不厌其烦地去做,慢慢积累下来标签也能写齐了。接下来,就要求更加重视对产品图片细节的处理。由于公司是刚开始做Wish平台,也是摸着石头过河,所以我就通过论坛、跨境电商媒体、微信公众号等渠道去收集有关Wish的干货信息,不放过任何细节,并不断尝试,书读百遍,其义自现,我慢慢地总结出了自己定标签的技巧。

第三道坎：平台规则不熟。基础的问题解决了,接下来的目标就是出单!产品上新已一个月了,共铺了800款产品,流量却丝毫没有上涨,只有寥寥几个产品有被收藏。每天早上满怀期待地打开店铺,总期待订单能够显示为"1",但现实总是那么残酷,我甚至都开始怀疑这个平台到底有没有顾客,之前的激情也都快消磨殆尽。心里想着：大学的时光是最美好的,但是我放弃在学校最后一年的时光,到了这鸟不拉屎的地方(现在非常怀念那个让我们成长的地方)。我花了那么多的时间和精力去学习和研究,但是现在却丝毫看不见希望,我的心里产生了动摇。但这还不是最糟的,接来下真的是"屋漏偏逢连夜雨,船迟又遇打头风"。由于Wish对待仿品的态度是零容忍,加之做的商品是服装类和鞋类,商品本身就容易侵权。特别记得,当时收藏了一款女鞋,但是没有出单,作为店铺为数不多的有收藏的产品,总觉得必须做点什么。开始时我先把标签重新完善了一遍,问厂家拿了图片,把图片做得更加有吸引力,还进行了降价销售。当时,信心满满地期待第二天订单会显示"1",心里窃喜可能还会有更多。第二天早上打开店铺确实看到了"1",但是是一条违规通知,不是订单,而是要罚100美元。这对于我来说简直就是晴天霹雳,还没给公司盈利,就先被罚了那么多钱!通过查找原因,我发现原来厂家给的图片后面有鞋盒写着"CHANEL"。鞋子本身不侵权,但是图片出现品牌导致侵权。这就是忽略图片的小细节给我的教训。在这次事件之后,我不断反省并切实注重细节,同时认真学习Wish平台规则,去认识更多的品牌,防止类似情况的再次发生!

四、付出终有回报：首单激励前行

皇天不负有心人。首单来得十分的艰难,但我永远记得首单的喜悦。在一个早晨我用手机打开店铺,"出单啦,出单啦!"我疯狂地大喊起来。那时是清晨的6点,大家都还在睡梦中就被我惊醒,下单的是瑞典的顾客,购买的是一双女高跟鞋。付出终于有了回报,首单奠定了我决定前期先专注做鞋类产品的"不归路"!所以每当现在有新手商户询问,新店为什么不出单、没流量这类问题时,我特别能感同身受,Wish是一个特别容易让人想放弃的平台！有个比喻非常好，"Wish 好比中药（见效慢，需要耐心），速卖通这类平台好比就是西药"。Wish 需要你花耐心慢慢去调理，就像短期内你做的修改和调整自己都不知道有没有效果，但是经过几个疗程的积累，你就可以看见效果；而其他平台有直通车，各类促销活动，好比西药你吃下去马上就能看见效果，但是也会有副作用！所以给新卖家的建议就是，对待 Wish 一定要有耐心，前期可以先专注一个品类，在一个品类有一定下单量后，再转攻其他目标，各个击破，实现全面开花！

有了首单，动力自然来了，我也从此走上了迷恋 Wish 的"不归路"，早上起来看 Wish，晚上睡觉前看 Wish，吃饭的时间还在看 Wish，完全进入了走火入魔的状态。很多人问这有什么好看的，吸引力有那么大吗？可别说，对于一个新手卖家而言，前期多看平台的款式，对产品的选择非常有帮助，但是不要盲目地去看，而是要从分析的角度去看，细节之处做好记录。主要是"三看一要"，以鞋类产品为例。

（一）看平台爆款鞋子的款式

了解境外顾客主要喜欢什么款式的鞋子，后期的选品方面，尽量往这方面靠，来增加产品的出单概率。我会把平台一件件的爆款都截图存着，通过实践总结，现在我只要看到主图，就能基本判断出这个产品一天大概可以出多少单。

（二）看收藏与购买的比例

收藏与购买比例的大小可以看出受欢迎的程度。如果这件产品收藏量非常高，但是购买量少，多数是因为价格的问题，这也要记录下来，看价格是否有下降的空间，不断挖掘潜力。

（三）看评价

看得最多的是 1 星或者 2 星的评价，因为这些是可以改正的点，也正是我的切入点。如果客户评价产品物流慢，则需要思考应对之策。

（四）要分析

分析爆款主图是怎样的？跟卖的为什么就卖不好？为什么跟卖的可以干掉爆款？分析爆款详情页是怎么设置的？是否有独特之处？分析怎么设置阶梯价格，提高产品转化率？

上述的这些需要做得非常细致，每个细节都处理到位，花大量的时间去研究！经过几个月的积累，我对选品已经有了一定感觉，我也终于迎来了第一个爆款，是一双鞋子，这无疑是对我付出努力的最好回报！这个爆款经我亲手一步一步完善修改，亲眼看着流量慢慢上涨，订单量越来越多。往后，就按着这种感觉、这种方法去做其他款，接下来的运营也变得得心应手了许多，并超额完成了公司交代的任务！

五、梦想照进现实：实现独立运营

2016 年 6 月，我正式大学毕业，经过顶岗实习期间的经验积累，我慢慢具备了独立运营平台的能力。2016 年 10 月，公司也兑现了当时的承诺，为我注资注册成立了一家新公司，由我独立负责经营。我从新开店铺重新做起，虽不断遇到困难和问题，但由于干劲更足，加之积累了大量运营经验，公司业绩上升很快，新店铺第二天就出单了。

做了两个月，有了一点单量，人手变得不够。当时在慈溪比较偏僻，虽是校企合作，但很多学校的学生都不愿意过来，于是公司搬到了宁波市江北区158电商城，可以说这次的搬迁是公司的转折点，相比慈溪有太多的资源可以利用！场地、人员、物流非常充裕！当时订的目标是年销售额完成1000万元人民币，虽当时心里也感觉没有底，但是Wish确实是一个能给你带来无限惊喜的平台。截至2016年年底，公司实际完成的销售额远远超出了当时所制订的目标！

我总结的经验教训是，由于没有物流、资金的顾虑，可以把更多的精力投入到选品等运营之中，对选品进行深入开发，对卖点进行深入挖掘，同时在降低退款率、产品维护、顾客购买体验度等方面，进行更加细致的处理。

（一）爆款产品的二次开发

由于境外顾客的体型总体偏胖，但是他们也想穿一些漂亮的衣服，然而中国服装的尺寸相对会偏小。为此，公司会从卖得好的爆款中选出几款联系厂家做加大的尺码，加大到5XL。为什么要选爆款呢？因为这类产品顾客是认可的，也是受欢迎的。如果这个时候我们去开发这类产品，一方面会减少囤货风险，另一方面可以提升产品的转化率。Wish的推送就是钱，如果在相同的推送下，产出是比别人高的，那么Wish有什么理由不推你呢？这个就是爆款的二次开发。

（二）产品卖点的深入发掘

当时平台上有款充气沙发卖得非常好，但是我们发现得比较迟，如何才能实现弯道超车呢？这时就要抓住顾客的心理。Wish平台上的客户大多是"90后"，喜欢新奇的产品，也喜欢发光的东西！为此，我们在产品中加入了USB充电的户外夜行灯，产品带来的视觉冲击感，变得完全不一样，变得非常奇特，获得了不错的销量！这就是指产品卖点的深入挖掘！

（三）Fashion（时尚产品）类目的退款

Fashion类目的退款居高不下一直以来都是我们的困扰，我们想了许多办法，最后采取的措施是，在产品附图及详情页中加入尺码表，来告知顾客产品的尺寸。虽然每件产品要做尺码表会变得非常烦琐，但是这大大降低了退款率！

回首走过的路，如果不是Wish，或许我本当和其他同学一样，拼命地到各大招聘网站四处投简历，预约面试，或是回家乡参加父母安排的工作；但是，一次偶然的机会让我接触到Wish这个神奇的平台，改变了我的人生，所以面对Wish平台我是抱着一颗感恩的心去做的。我现在已经有了自己的目标、梦想和努力的方向，知道接下来自己要做什么，如何把公司发展得更加壮大。

细节决定成败，每天要求自己进步一点点，一年积累下来，就会实现巨大的进步，梦想也会照进现实。专心加入Wish，专注经营Wish，始终相信Wish，Wish一定会给你大惊喜！

曾旭明

2018年8月13日

案例二　黄远欣——跨境电商这些年

Wish 创业者名片

黄远欣，现任广州拓浦万国际贸易有限公司负责人，从事跨境电商达 6 年之久，2017 年 10 月，成为 Wish 中国区官方讲师。

一、初识跨境电商

说到"跨境电商"，我也忘记了自己第一次听到这个词语是什么时候。第一次接触这个行业的时候，此前并没有听过"跨境电商"这个词语，只知道有一些平台而已。2012 年，那时候的我还是一个在校学生，因为学的是商务英语专业，所以偶尔会听到类似于亚马逊、eBay 这些平台，但也仅仅停留在一个"听过"的阶段。真正进入到这个行业，是因为我一个舅舅的推荐（他是一个在深圳做 3C 产品的传统贸易商），他说既然我学的是外语专业，在校的空余时间也比较充裕，不如尝试去做一下一个叫作"速卖通"的平台，说这个平台跟淘宝一样，用一张身份证就可以注册账号，跟淘宝的区别仅仅在于速卖通的客户是外国人，上传产品用英文就可以了。想想能把中国各式各样的产品卖给外国人，我觉得非常好玩，也是抱着试一试的态度，就这样我拥有了自己的第一家速卖通店铺。

二、起航跨境电商

2012 年的速卖通，不像现在，需要分类目缴纳服务费，那时全品类免费上传产品，而且除佣金之外没有别的费用，仿品查得也没有现在那么严格。当时做速卖通就是疯狂铺货，巨大的境外流量，较小的市场竞争。每天需要做的工作就是在宿舍上传产品，记得当时速卖通的"淘代销"功能，即将淘宝的产品复制到速卖通店铺，将标题描述改为英文。就这样一个一个，每天上传 20 个产品到自己的店铺，等待订单的到来，应该是在开店的第 13 天，跟往常一样，我在宿舍打开店铺，看到订单显示为 1，我激动得不得了。因为是线下的货源（广州沙河女装），所以第二天我就去将货买了回来，并打电话给货代安排上门收货。但接连打了数个电话，得到的回答都是"一件货我们不上门收，油钱都赚不回来"。说实话当时我感到非常失望，被泼了一盆冷水，便在各个速卖通的 QQ 群发"一票货，有没有广州的货代上门收货的"，终于收到了一个回复，有个货代愿意上门收货。后来我问这个货代的老板，为什么我一票货他也愿意收，他说："你也是刚开始做，我们也是，我们希望你能跟我们一同成长。"所以这个公司也理所当然地成了我后来的物流商，每当回想起这件事时，我都会觉得非常感动。

三、经验的沉淀

时间到了 2013 年，即将面临实习，我的速卖通店铺日均订单也有了 20 单左右，但接下来面临的是就业还是创业的选择。由于之前经过了一年时间对速卖通的运营，我对这个行业产生了浓厚的兴趣,最终在舅舅的劝说下选择去他们公司实习,沉淀经验。因为他们公司刚处于从传统贸易向跨境电商转型的阶段,所以他们的跨境电商业务是从头开始的。我也开始从仓管到发货,从美工到客服,一步步学习。每天都要清点仓库(也正是因为仓管的工作,我对产品很熟悉,这也为后来创业打下了基础),说实话那段时间是非常痛苦的,因为很累,每天我得盘点仓库到深夜,第二天上班还需要打包发货。当时觉得自己做的工作并没有对自己有多大的帮助,很多时候都想过要辞职,想出去自己创业,但最终考虑到当下平台的变化,竞争越来越激烈,如果没有扎实的经验基础,创业将会十分艰难,最终我还是坚持了下来,并在一年后选择了独自创业。

四、创业是孤独的修行

2013年年底,我接触到了一个新的平台——Wish,一个专注于移动端,专注推送的一个新兴平台。Wish招商会时,其招商经理所介绍的Wish的推送机制及运营模式,我觉得非常适合我这种刚开始创业的人。顺利地开通了Wish之后,我将原本速卖通上的爆款上传到Wish里面,让我非常惊讶的是,3个月后,这款产品在Wish上面的销量逐渐超过了速卖通的销量,这让我非常有信心继续在这个新平台做下去。因为Wish是一个非常纯粹的平台,当时竞争也比较小,并没有太多所谓的"黑科技",在产品没问题的情况下,我们只需要做到"合理的定价、精美的图片、尽可能快的发货速度、更优质的物流服务"这几点,便能将Wish做好,所以其实我独自创业做Wish的这段时间,都是顺风顺水的,并没有那么多的阻碍。也正是因为Wish,我赚到了人生的第一桶金,这一切都是我独自一人完成的。每天的工作就是独自上架产品、独自处理订单、独自打包、独自发货。什么事情都是独自一人,遇见了问题,也是只能独立思考,并没有太多第三方的意见可以参考。晚上睡觉的时候,我会觉得特别孤独,因为创业终究是孤独的。我们公司现在大概有30个人,遇见问题我们也会经常开会讨论,甚至会为一个问题争得面红耳赤,但我内心依然有一种孤独感。因为只要选择创业这条路,就意味着你一个人需要承担更多的东西,而且是独自承担——员工的薪水、公司的业绩、关键问题的抉择,这些都需要我去承担,去负责,所以,我觉得创业这条路,始终是孤独的。关键在于我们如何去克服这些困难,如何去接受并且享受这份孤独。

五、团队的组建和合伙人

(一)团队组建

先说一下团队的组建问题。相信大多数人选择创业,刚开始都会选择独自创业,然后再慢慢扩大自己的团队。很多人问我,应该在什么时候扩大自己的团队?其实这个问题,我觉得没什么准确的答案,根据自己的实际情况,当我们自己已经具备一定的运营能力且需要突破瓶颈的时候,就是我们要组建团队的时候了。我们一定要适应从一只"羊"变成"牧羊人"的角色,将我们所知道成功的运营经验,复制给团队里的每一个成员。我曾经在开始扩建团队的时候,也犯过一些错误,我当时总是觉得,如果我把我的核心技术、核心价值告知给我团队里的每一个成员,那他们跑出去自己创业了怎么办?但后来的经验告诉我,如果我们连这个都需要去担忧的话,那还是不要创业了。因为团队创业不是我们一个人创业,需要让团队里面所有的人参与进来,并能享受创业带来的成果,这样才能留住这些伙伴。

(二)合伙人

再来说一下关于合伙人的问题。当公司运营到了一定的阶段时,随着公司业务的发展,对资金的需求也会越来越多,此时我们需要找到合适的合伙人进行融资。关于合伙人的选择,我想说的是,合伙人实在是太重要了,因为合伙人一旦出现问题,有可能导致整个公司资金链的断裂,这是影响公司生死存亡的大事。所以说我们在找合伙人的时候,不仅仅要对合伙人资金情况、人品等方面有全面的了解,最重要的是,一定要将所有的投资比例、盈利分配等约定按照法定程序确认。切记!

总之,跨境电商的创业就是一次孤独的修行,踩坑在所难免,一步一个脚印,就会每天进步一点。相信各位会在这个行业里有所作为。

黄远欣
2018 年 8 月 9 日

案例三 吴桂花——因为一次选择而与众不同

Wish 创业者名片

吴桂华,毕业于浙江外国语学院。大三时加入 Wish"星青年"计划,2017 年 8 月正式开始在 Wish 平台创业,积累了丰富的 Wish 平台跨境电商运营经验。

一、初识 Wish

大三下学期,身边的同学都在讨论毕业以后要干什么,考研还是找工作。我同样也在忧心毕业以后要干什么,我不想一辈子都在给别人打工,但是一下子又找不到出路。可能上天听到了我的祈祷吧,这时学校邀请了 Wish 官方讲师来到学校宣讲。之前,我没有接触过跨境电商这一行业,对 Wish 一点都不了解。在听完 Wish 电商学院院长 Judy 的演讲以后,我觉得我找到我的出路了,我立马拉着我的两位室友去报名了。Wish 不同于传统的 PC 端跨境电商,作为移动电商的一匹黑马,它能在这么短的时间内发展这么快,令我相信加入这个平台会有很好的发展。从此,我与 Wish 的缘分开始了。

二、星青年期间

2017 年 3 月 26 日,那天我正式加入了浙江外国语学院跨境电商"3+1"实验班,正式成为 Wish"星青年"。那天我正式注册了自己的店铺,从此开始了 Wish 之路。在校期间,Wish 官方讲师每周日会来学校给我们授课,给我们讲解 Wish 店铺的一些理论知识和相关政策。在这期间,我对 Wish 这个平台有了更多的了解,它也更加吸引我。对于跨境新手而言,Wish 是一个很好入手的平台。前期,老师要求我们每天上传 5 个产品,保持店铺的活跃度。那时候大三,很多专业课要上,每周都要做好几个 PPT 答辩,有时还有做几个报告,因为忙于学业,对于前期产品的上新我没有花很多心思,也不知道有什么选品渠道,就是在阿里、莱卡尼上找些小东西上传。对于标题、详情描述什么的也是直接一键翻译,标签也是胡乱写一些自认为流量很大的词。后来眼见着有几个同学出了第一单,我心里就开始着急了,觉得这样不行,就开始与同学们讨论他们是怎么填标签的,他们是怎么处理标题的。几天之后,我也出了第一单,那时候真的是很兴奋,很激动。然后我便开始在各种群里找货代。找了一圈才发现,我的这个产品很难发出去,因为是纯电池产品。后来,在找了很多货代后,我终于把这个产品给发了出去。我这时才意识到不是所有产品都能在平台上售卖。半个月左右,有一款产品几乎每天都能出个一两单,那时候真的很开心,在开心之余我也很忧愁,因为这款产品我是根据它在亚马逊平台上的售价订的价,结果我的价格定得太低了,每个发出去的货都要亏几十元钱。后来在发出几个货之后,我才意识到自己的定价有问题。以后在每次上架的时候我都会根据产品的成本和运费来定价。但由于经验不足,很多时候都是把握不准,慢慢才好起来。2017年4月收到Wish的第一笔汇款的时候,我觉得自己的选择是对的,不会有遗憾。那时,每天睡觉之前我都会拿着手机刷一遍店铺看有没有订单,醒来第一件事也是刷手机看看有没有订单进来。当看到订单的时候,我就觉得每天的等待是值得的。

三、创业阶段

在结束8周的理论课之后,学校和Wish官方为我们每个人都对接好了实习企业,我来到了位于深圳的深圳易佰科技有限公司。实习期间,我的店铺也趋于一个较稳定的状态,有几个产品都能稳定出单,每月的销售额也在稳定上涨。因此7月份一个月的企业实践结束时,其他同学选择进入企业实习,而我选择了自己创业。在2017年8月,我正式开始了自己的创业之路。

在创业期间,跨境电商学院和Wish官方给予了我很大的帮助。学校一直关注我们的情况,有各种资源都会先考虑到我们,方院长还特地抽空到公司关心我们公司的发展。在这期间,学校还建立了众创空间,为有创业梦想的学生提供了一个很好的平台。Wish官方也时常关注我们的运营情况,积极帮助我们解决在运营上遇到的任何问题。

从最初的1单、20单、100单到200单……跟那些优秀的人比起来我可能还跟不上他们的步伐,但是我在一点点地进步,看到每一次的成长与进步我很满足。从做Wish到现在,我觉得自己成长了很多,在思考问题的时候能想得更加周到,能够合理有效地安排一些事物。在这期间,我遇到过各种问题,遇到事情也只能自己一个人去寻找方法解决;有时候会觉得很累,但是想想做什么不累呢,任何的成功都要付出汗水。我已经比其他人幸运很多,幸运地成了第一届Wish"星青年",幸运地在学校就初识Wish,幸运地比其他在校生早一步开始了创业。

漫漫人生路,有无数的选择,但关键的只有几步,选择对了,你就能少走很多的弯路。学校的跨境电商学院为学弟学妹提供了一个很好的平台,学生可以免去很多的后顾之忧。在坚定的理想面前,我希望大家都有一颗不抛弃、不放弃的心,能够坚持不懈地走下去!

吴桂花

2018年8月20日

案例四　李大磊——Wish"星青年"计划下的电商人

Wish 创业者名片

李大磊,毕业于浙江外国语学院。大学期间参与 Wish"星青年"计划,毕业后与同学一起创立了宁波思动电子商务有限公司,业绩斐然。2018 年被认定为 Wish 官方讲师,被浙江工商职业技术学院聘请为客座讲师,已带领团队为学校孵化出一家 Wish 创业子公司。

一、与跨境电商的结缘

我是众多普通大学生中的一员,也和许多的大学生一样喜欢参与社团组织,对新鲜事物充满兴趣与好奇心。在大学期间,我不愿意闲着,在学习之余,我积极参加校级组织,结识校内校外形形色色的人。同时,作为一名商学院的学生,我在浓厚的商业氛围中不断找寻创业的点子,创业的方向。大学期间,我了解了时下热门的微商、淘宝,接触了海淘、代购,对于跨境电商有了最为笼统的认知,但确实从来没有重视。也在这个过程中,我有了几次销售的创业经历,也渐渐有了毕业之后自主创业的想法和计划。

到了大三,学校对创新创业学院进行宣讲,介绍了与 Wish 合作的"星青年"计划,这时我才真正认识到跨境电商的发展潜力,意识到这是一个多大的发展机会。记得当时全大三的在校学生几乎都参与到宣讲中,但是宣讲之后的反响并不理想,报名参与的同学并不多。但是在我看来,如果我没有抓住这一次机会,未来想要进入跨境电商领域,将会比现在更加困难。于是我在宣讲会一结束就报名参与了"星青年"计划,并最终通过了学院的筛选,进入了跨境电商班,开始学习跨境电商的知识,接触到 Wish 平台。

二、结缘 Wish

"星青年"计划是 Wish 培训部下的一个项目。作为新一代的青年,我深深体会到我们对于手机的依赖之深,网购在日常购物中所占比例之大,而 Wish 平台近乎 100% 的成交都是客户通过移动端下单,在线上购物。移动端购物是当下消费的趋势,不只是中国,全世界都是如此。那么跨境电商的前景、Wish 的前景将是无法估量的。在我想明白这一点之后,我也更加坚定了投身跨境电商,通过 Wish 创业的决心。

三、投身跨境电商

带着想在跨境电商这一行打拼创业的决心,在一开始我就选择了以公司的身份注册账号,同时开始为创办公司做准备。但作为跨境电商领域的新人,想要在跨境电商领域创业,需要学习的知识很多,拦在我面前的坎也有很多。

初遇 Wish 平台,我对它一无所知,必须在课上课下不断地在 Wish 平台中探索,了解 Wish 操作平台上的每个功能的逻辑,每个功能的效果。即使每天的课业再多,社团活动再忙,我也会要求自己每天一定要完成 5～10 个产品的上传,操作后台模块,反复学习和浏览。通过反复的操作和学习,在 Wish 导师的指导下,我用两周的时间,初步地了解了 Wish 后台,并能够进行基础的电商交易操作。

我之前对英语没有重视,但在接触跨境电商之后,我深刻体会到了英语的重要性。Wish 产品的销售依据标签的推送,而标签的设置不仅要能够准确地描述产品信息,还要能够按照外国人的语言习惯书写。我的英语基础差,词汇量累积少,对外国人的语言习惯不了解,根本无法写出合适的标签。在刚开始时,我大多借助平台的一键翻译功能,可后来发现,翻译的结果都非常生硬,而且与其他人发布的并没有区别,几乎是无效标签。怎么办?从头开始学习英语根本来不及,只能以实践为导向进行英语学习。因此,我在速卖通、亚马逊等大型平台上寻找合适的产品,再根据其排名前几页的产品标题总结归纳合适的词块,最后按照 Wish 的标题要求,重组标题,并书写标签。一个一个产品下来,我对标签的书写也逐渐能够掌握,甚至能够自己直接书写。

在标签的优化中,我也慢慢感觉到了平台的热点,能够触摸到平台最火的流量,这又间接地对我选品带来了一些灵感和帮助。销售额也在慢慢增加,这对于初次尝试跨境电商的我来说是一种极大的鼓励。

很快校内班的学习结束了,带着理论基础的我被安排到了宁波一家公司进行暑期实习。在这里我第一次真正感觉到跨境电商的魅力。从标题到标签、从图片到定价我都学习很多,感受了很多,总结了很多,也给公司带来了一些业绩上的增加。

但是心中压抑不住的创业梦的我最终还是选择离开了公司,与同样对跨境电商充满兴趣的其他几位同学一起创立了宁波思动电子商务有限公司。公司化的运营和大学时的家庭作坊式运营完全是天壤之别。ERP 系统、货代选择、采购的系统化这些操作看似简单,但对于刚起步的小公司来说实在是太难。在这样的压力下,我们几个人都成了多面手,在运营、打包、分拣、发货中轮番切换,每天都过得很充实。公司的业绩也快速地上升。

"星青年"计划让我开始接触跨境电商,将我领进跨境电商的大门,更是让我成为一个完全的电商人。一路走来,我们碰到过困难,遭遇过挫折,犯过巨大的错误,但我们也学习了最新的网络销售理念,丰富了见闻,收获了成长,更是在创业的路上越走越远。

2018 年,宁波思动电子商务有限公司越做越好,成为浙江外国语学院、浙江工商职业技术学院等高校的校企合作单位,同时我被认定为 Wish 官方讲师,被浙江工商职业技术学院聘请为客座讲师,已经带领团队为学校孵化出一家 Wish 创业子公司。感谢 Wish"星青年"计划,相信只要坚持和努力,你也一定能够成为跨境电商领域的新星!

李大磊

2018 年 11 月 15 日